AVR 마이크로컨트롤러

ATmega128 프로그래밍

권오상 저

오성미디어

목 차

PART I. 로봇 소개 및 프로그래밍 기초

PART II. 마이크로컨트롤러 개요

PART III. 로봇 프로그래밍

PART IV. uC/OS-II 실시간 프로그래밍

PART V. 로봇 조립 설명편

PART Ⅰ

로봇 소개 및 프로그래밍 기초

제 1 장 로봇의 소개

본 교재에서 설명하는 로봇은 다음과 같은 특징이 있습니다.

· 고속의 최신 ATmega128 컨트롤러 모듈 (OJU-128m3) 사용
· USB 케이블을 이용한 간편한 프로그램 방식
· 프로그램 통합환경인 오주스튜디오(OJU-STUDIO) 사용
· 로봇 전용의 C 언어 함수 제공
· 고속의 DC 모터 2개 사용
· LED 10개, 부저 1개, 스위치 4개 사용
· 8 * 2 의 백라이트 내장 LCD 모듈
· 마이크로 마우스를 위한 3조의 적외선 센서
· 분기점 감지 라인 트레이서를 위한 5조의 적외선 센서
· AAA형 건전지 4개 사용(알카라인, Ni-MH 계열 충전지)
· 최고급 도금 처리한 알루미늄 바디

1.1 로봇 제품 구성

로봇의 제품 구성내용은 기본적으로 아래와 같습니다.

① 메인 PCB 조립 전자부품
② 센서 PCB 조립 전자부품
③ 메인 PCB 와 센서 PCB
④ 커넥터 부품
⑤ 로봇 컨트롤러 OJU-128m3 모듈
⑥ DC 모터 2개와 바퀴셋
⑦ 볼트와 너트류, 서포트류
⑧ 볼케스터 부품
⑨ USB 케이블 (MINI-5P 형)
⑩ 로봇 바디 금속 프레임(바디 + 배터리 덮개)
⑪ 배터리 케이스 및 알카라인 건전지 (AAA형) 4개
⑫ 적외선 센서 덮개용 수축튜브
⑬ 조립/프로그램 설명서 및 CD

1.2 로봇의 구조 및 명칭

로봇은 여러 전자 소자와 적외선 센서를 탑재하여, 다양한 프로그램 실습을 통하여 라인 트레이서(Line Tracer) 및 마이크로 마우스(Micro Mouse) 기능을 수행합니다.

본 프로그램 설명서를 이해하기 위해서는 로봇의 각 부분의 명칭에 대해서 알아야 합니다.

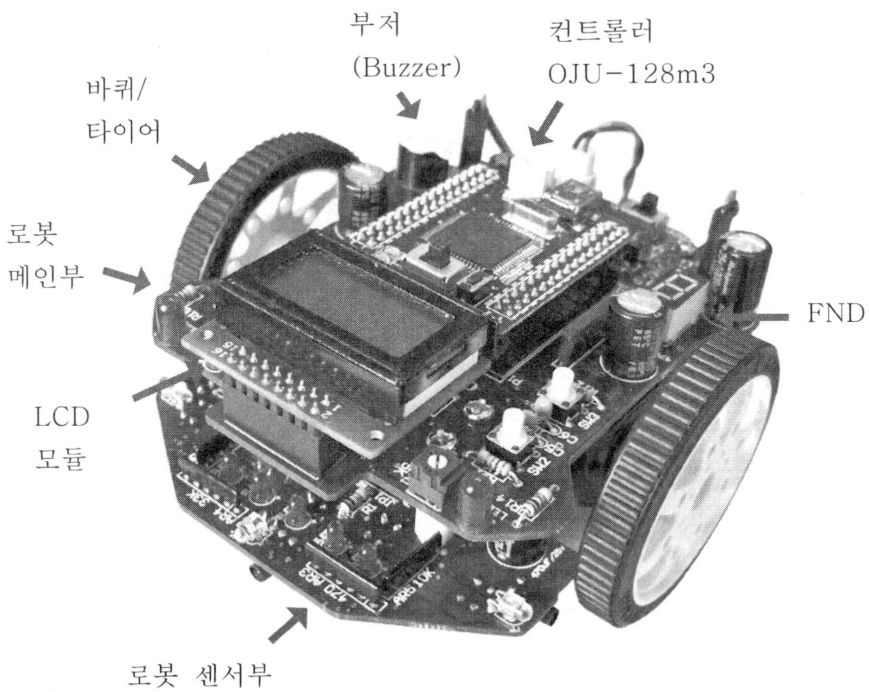

로봇 센서부에 대한 설명은 본 설명서의 라인 트레이서 부분에서 별도로 설명하도록 하겠습니다.

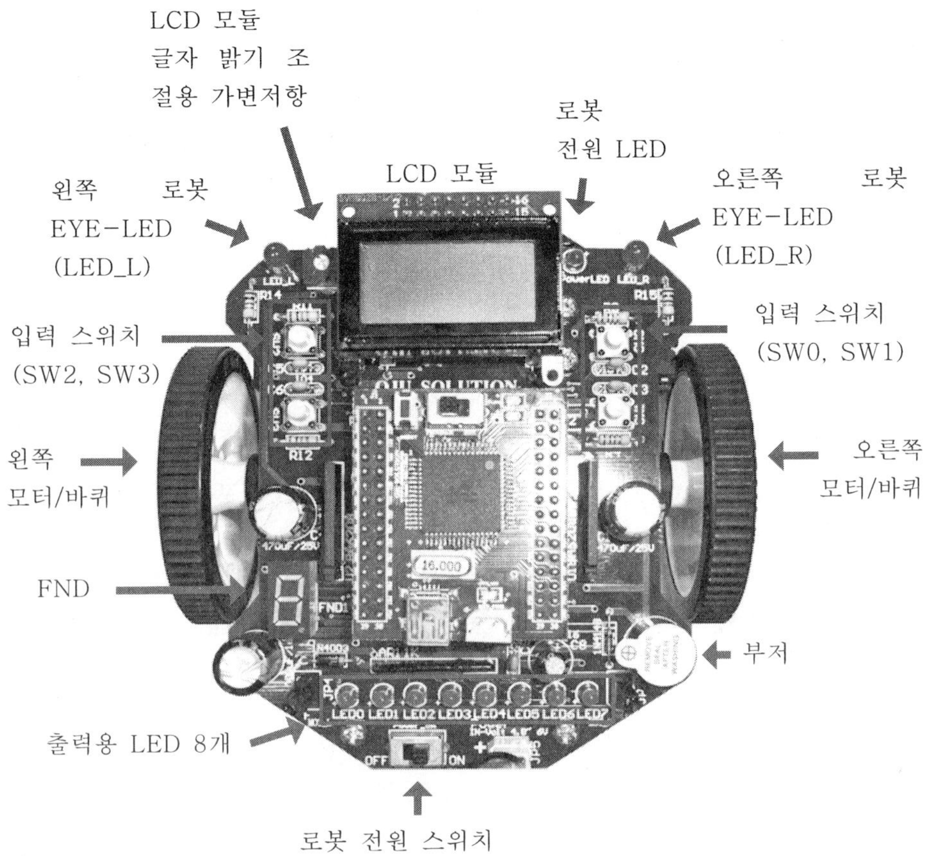
LCD 모듈
글자 밝기 조
절용 가변저항
로봇
전원 LED
LCD 모듈
왼쪽 로봇
EYE-LED
(LED_L)
오른쪽 로봇
EYE-LED
(LED_R)
입력 스위치
(SW2, SW3)
입력 스위치
(SW0, SW1)
왼쪽
모터/바퀴
오른쪽
모터/바퀴
FND
부저
출력용 LED 8개
로봇 전원 스위치

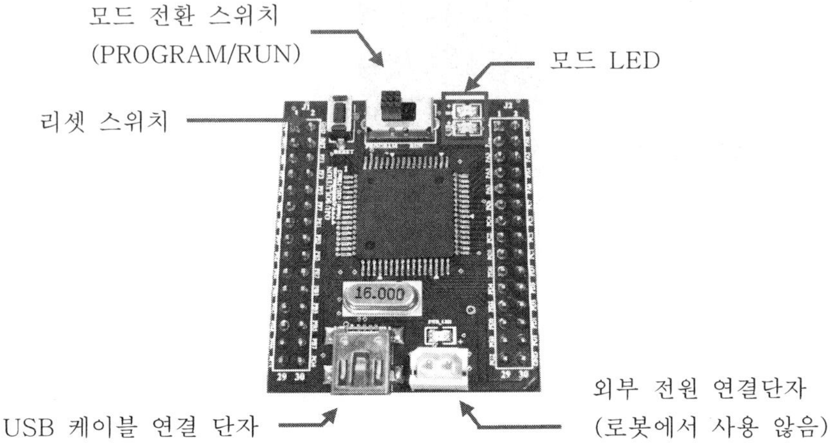
모드 전환 스위치
(PROGRAM/RUN)
모드 LED
리셋 스위치
USB 케이블 연결 단자
외부 전원 연결단자
(로봇에서 사용 않음)

제 2 장 프로그램의 설치 및 설정

2.1 프로그램의 설치

로봇에 프로그램을 작성하여 동작시켜보기 위해서는 여러분의 컴퓨터에 아래와 같이 프로그램을 순서대로 설치합니다. 프로그램은 운영체제 MS Windows XP SP2 이상 또는 MS Windows Vista 에서의 설치를 권장합니다.

2.1.1 WinAVR의 설치

로봇은 아트멜(ATMEL)사의 AVR 계열인 최신 마이크로 컨트롤러 ATmega128을 사용합니다. AVR계열의 C언어 컴파일러인 WinAVR은 MS윈도우즈용 AVR-GCC 컴파일러입니다. 로봇의 모든 동작 프로그램은 AVR-GCC 기반으로 작성되므로, 이를 먼저 설치합니다.

WinAVR을 제공하는 CD에서 설치합니다. CD가 없거나, 최신의 프로그램으로 설치하고자 한다면, 인터넷 "http://winavr.sourceforge.net/" 에서 WinAVR을 다운로드 받아 설치합니다. WinAVR은 공개용 프로그램이며, 자주 그 기능이 업데이트되므로, 수시로 인터넷 사이트를 통해 업데이트하는 것이 좋습니다. 업데이트를 할 때는 기존 설치된 WinAVR을 반드시 제거한 후에 설치하여야 합니다.

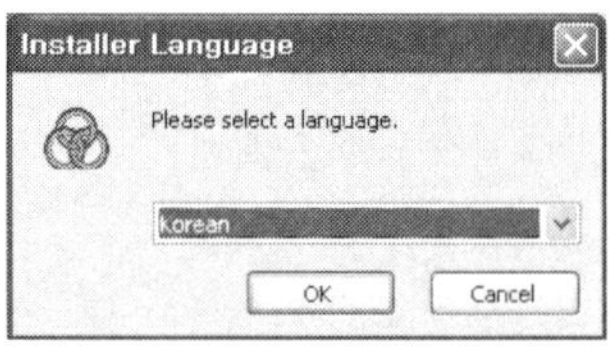

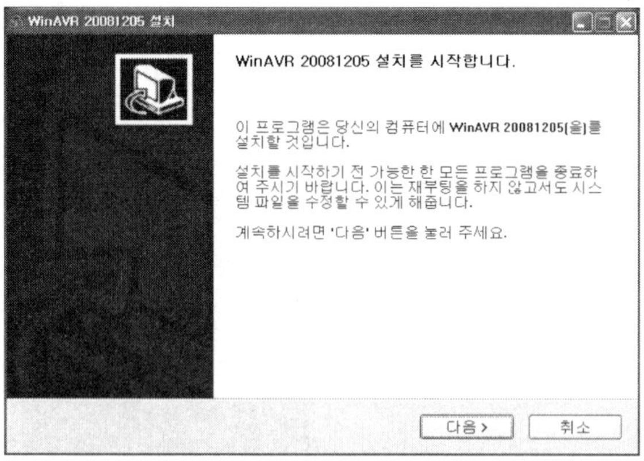

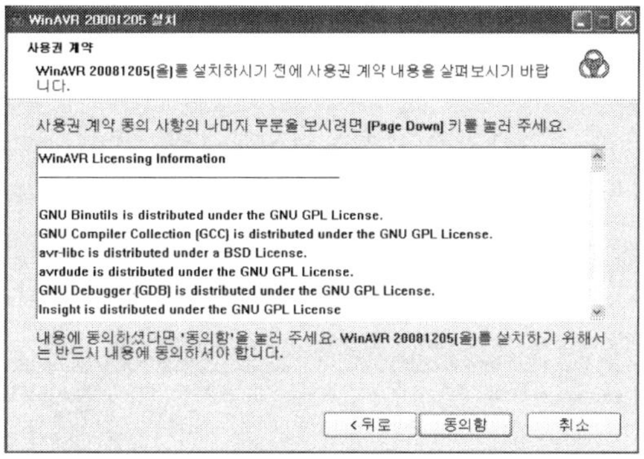

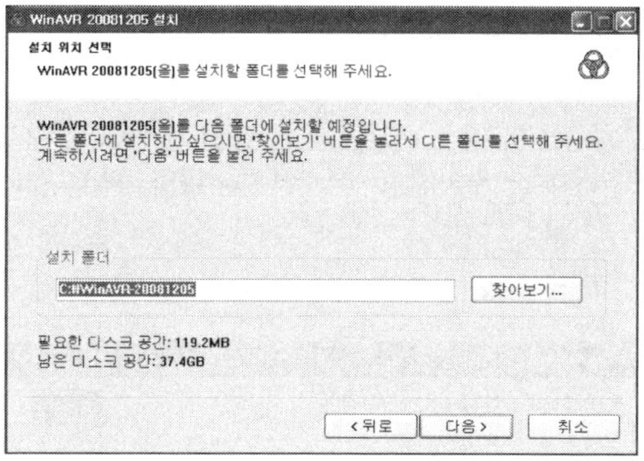

WinAVR의 설치 폴더 "C:\WinAVR-20081205" 는 변경하지 않고, "다음>" 으로 진행합니다.

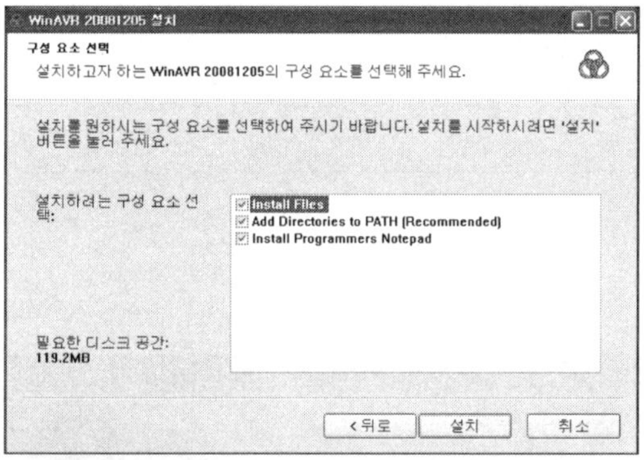

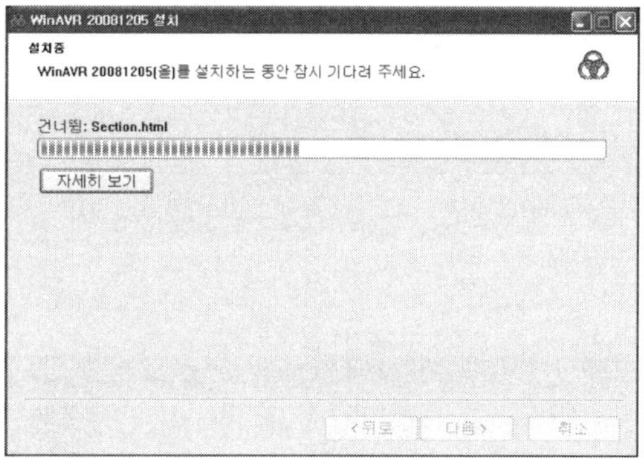

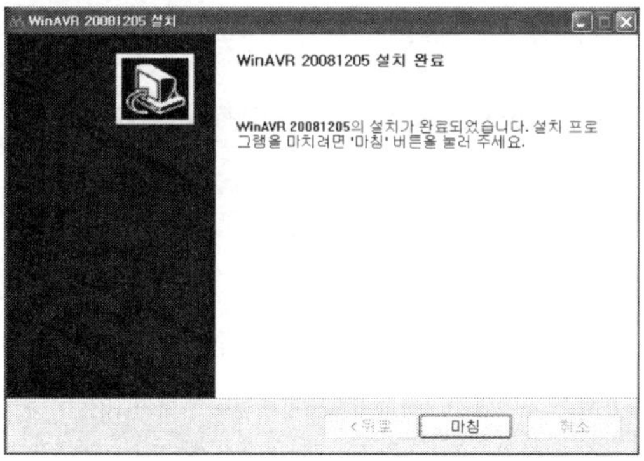

첫 단계로, WinAVR의 설치를 모두 마칩니다.

2.1.2 OJU Studio 의 설치

오주 스튜디오(OJU Studio)는 AVR-GCC 컴파일러 사용을 위한 개발 통합 환경(IDE)으로 최신 버전으로 설치하시기 바랍니다.

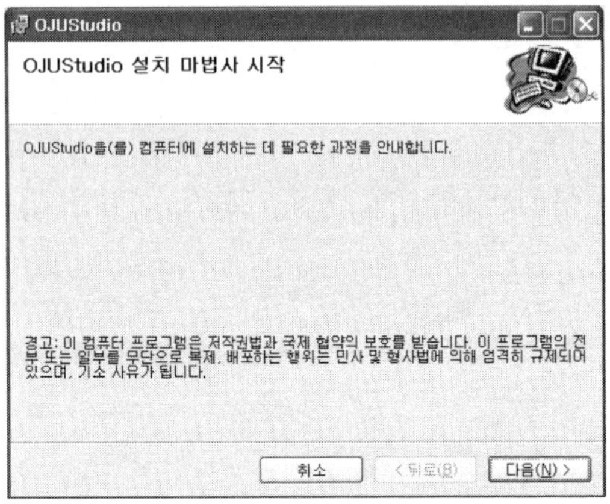

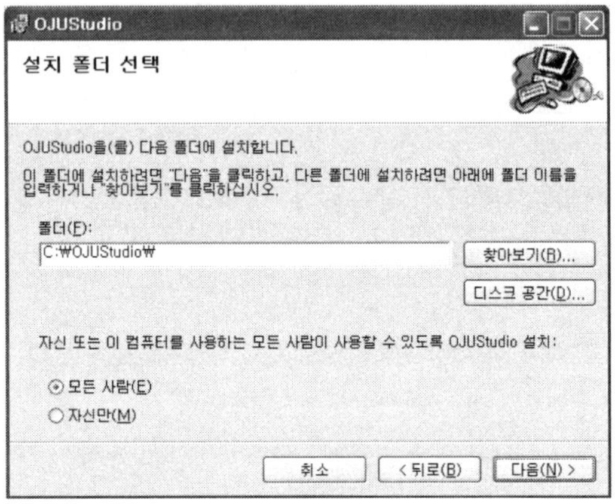

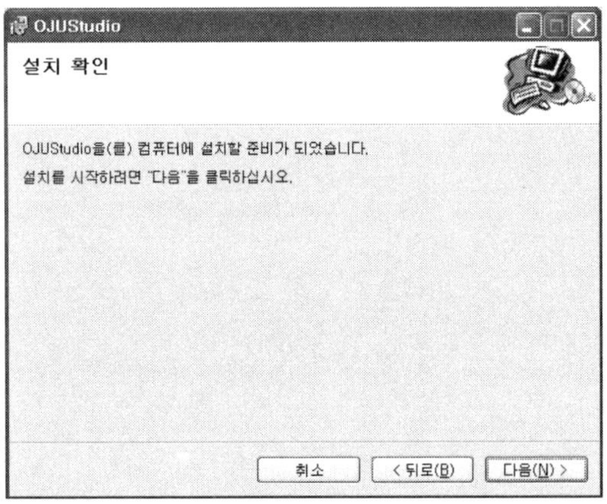

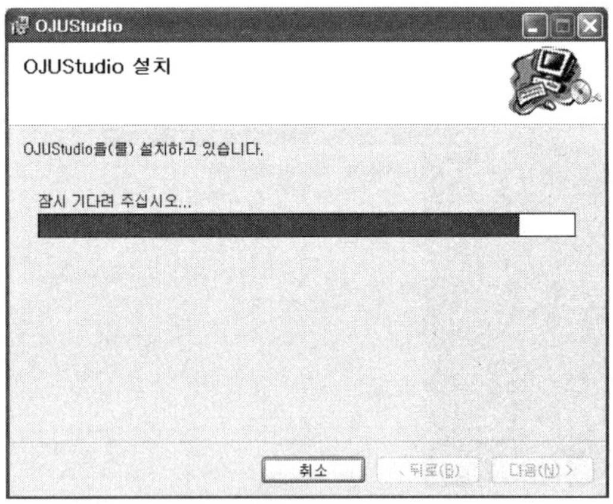

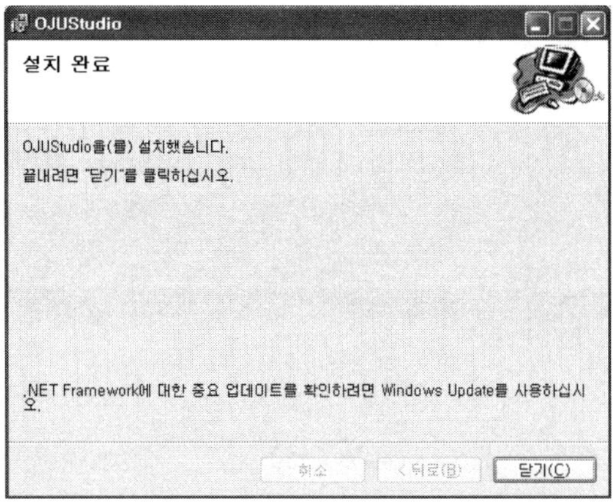

오주 스튜디오의 설치를 완료합니다.

※ 오주 스튜디오 설치 시 참고 사항

- Setup이 실행되지 않을 경우, 설치 CD에 포함된 Microsoft Windows Installer 3.1을 먼저 설치하여 주시기 바랍니다.

- Setup 실행 시에 Microsoft .NET Framework 의 설치 화면이 나오면, 인터넷 접속이 가능한 경우 인터넷에 접속하여 자동으로 다운로드, 설치가 가능하며 인터넷 접속이 되지 않을 경우에는 설치 CD에 포함된 Framework를 먼저 설치합니다.

- MS Windows Vista 운영체제의 경우, 오주 스튜디오 처음 실행 시 오류가 발생할 수 있습니다. 이때는 Setup을 실행할 때 마우스의 오른쪽 버튼을 클릭한 상태에서 **"관리자 권한으로 실행"** 을 해 줍니다.

2.2 오주 스튜디오의 설정

바탕화면의 

아이콘을 클릭하면 오주 스튜디오가 실행됩니다.

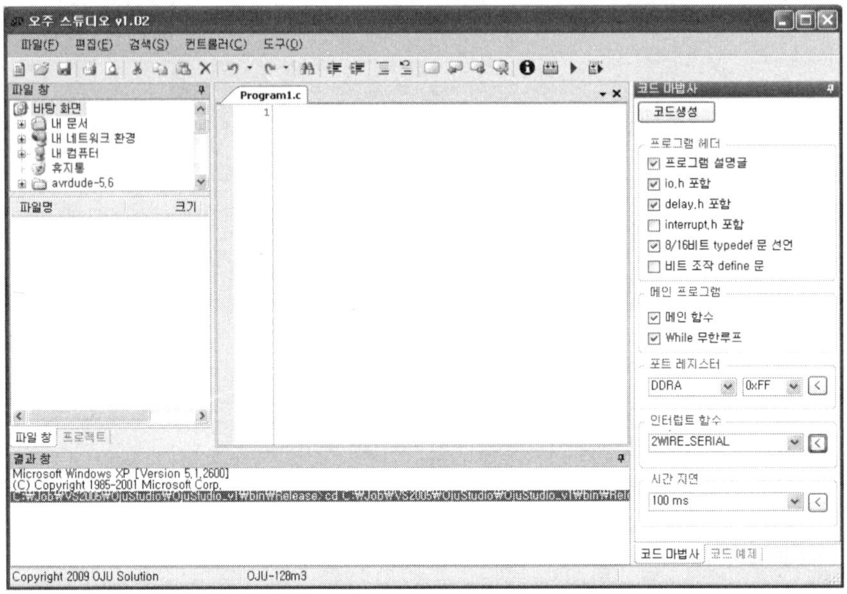

오주 스튜디오를 처음 설치한 후, 로봇과 통신을 위해서는 통신 포트를 설정하여야 합니다. 아래 순서대로 설정하고, 상태를 확인합니다.

① USB 케이블을 이용하여 컴퓨터와 로봇을 서로 연결합니다.

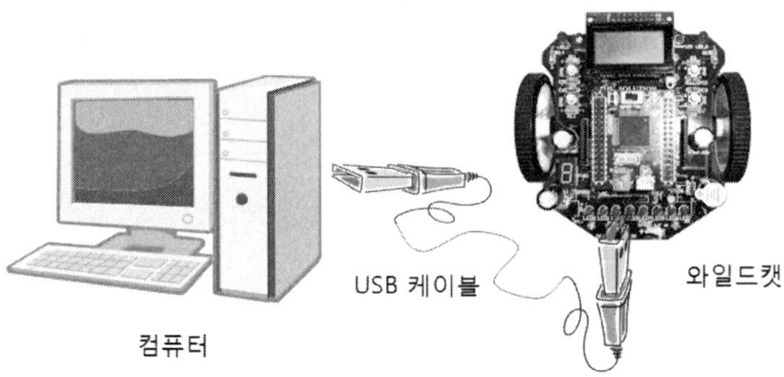

※ 로봇의 OJU-128m3 컨트롤러 모듈에 USB 커넥터를 연결할 때는 너무 무리하게 힘을 주거나, 좌/우로 흔들지 마십시오.

② 오주 스튜디오의 메뉴에서 <컨트롤러> → <연결 포트 설정>을 실행합니다.

③ 연결한 통신 포트를 선택합니다. 선택하고 <확인>을 클릭합니다.

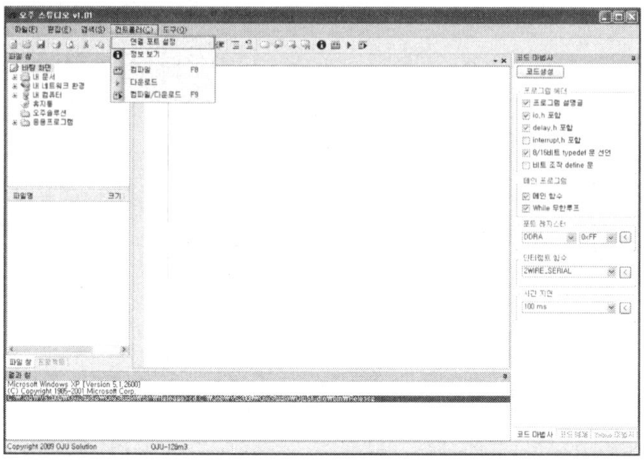

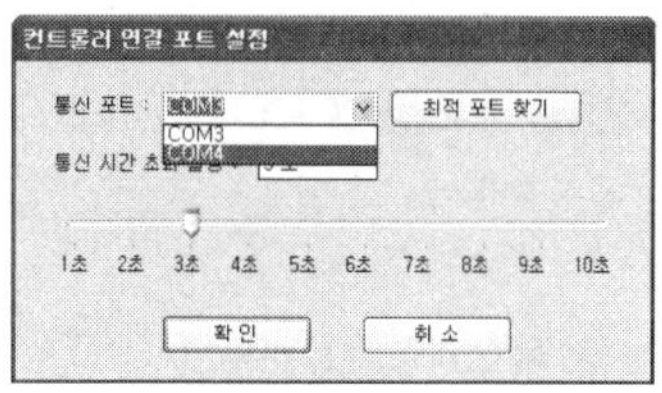

※ ②부터 ③ 까지의 과정은 처음 설치할 때, 한번만 수행하면 됩니다.

④ 로봇에 AAA 배터리 4개를 연결하고, 전원을 켭니다. 배터리 교체 방법에 대해서는 "조립 설명서" 를 참조하시기 바랍니다.

⑤ 전원을 켜면, 로봇 위의 OJU-128m3 모듈의 전원 LED가 들어옵니다. 모드 전환 스위치가 "PROGRAM"으로 되어 있는지 확인합니다. 이 때, 모드 LED는 2개 모두 불이 들어와 있습니다. 만약, 모드가 "PROGRAM"이 아니면, 모드를 바꾼 후에, "리셋 스위치" 를 누릅니다. 모드 LED가 2개 모두 불이 켜져 있는지 확인합니다.

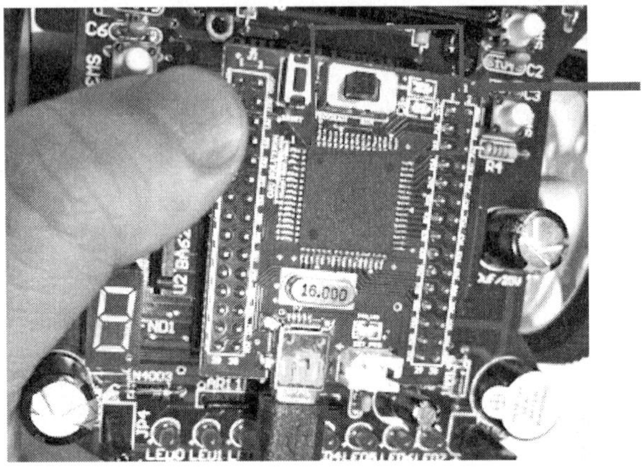

모드 전환 스위치는 "PROGRAM" 으로, 모드 LED는 2개 모두 들어와 있는지 확인합니다.

※ OJU-128m3 컨트롤러 모듈의 동작 모드

로봇에 장착된 OJU-128m3 모듈의 동작 모드는 현재 동작 상태를 나타내는 2가지 모드가 있습니다. 다른 모드로의 전환은 모드 전환 스위치를 원하는 모드로 바꾼 후에, 리셋 스위치를 반드시 눌러주어야 합니다.

- **프로그램 모드** (PROGRAM) : 모드 전환 스위치는 "PROGRAM" 으로 되어 있고, 모드 LED는 2개 모두 켜집니다. 이 모드에서는 로봇의 각종 정보와 컴퓨터에서 작성한 프로그램을 다운로드(Download)합니다.

- **실행 모드**(RUN) : 모드 전환 스위치는 "RUN" 으로 되어 있고, 모드 LED는 2개 모두 꺼집니다. 이 모드에서는 로봇의 전원이 들어오면, 미리 탑재된 프로그램에 따라 바로 동작합니다. 이 모드에서는 로봇의 정보를 컴퓨터에서 볼 수 없으며, 프로그램을 다운로드 할 수 없습니다.

⑥ 로봇이 "프로그램 모드" 상태에서 오주 스튜디오의 <컨트롤러> → <정보 보기>를 실행하면, 현재 USB 케이블을 통해 연결된 로봇의 정보가 화면에 나타납니다.

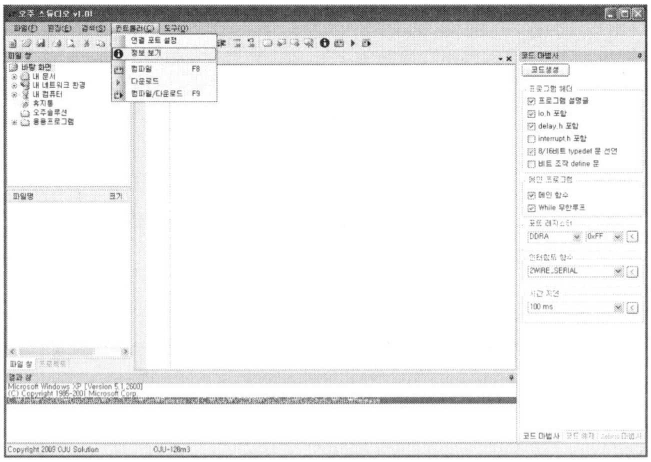

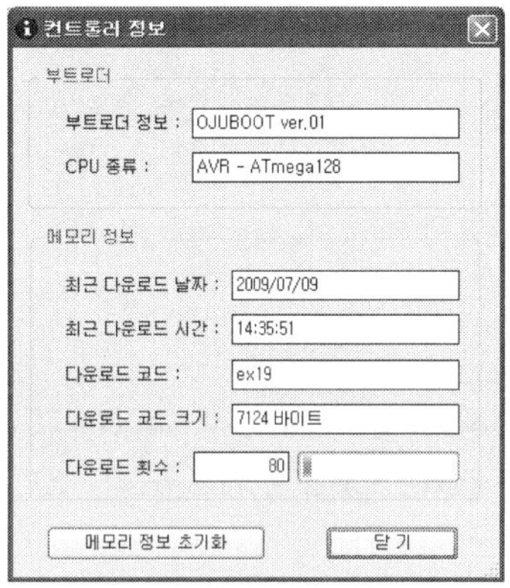

컨트롤러 정보에는 부트로더 정보, CPU 종류 및 현재 컨트롤러 모듈의 메모리에 저장되어 있는 프로그램 정보가 나타납니다. 메모리 정보가 깨져 있거나, 제대로 표시되지 않으면 <메모리 정보 초기화> 버튼을 눌러, 정보를 초기화합니다. 여기에서, <다운로드 횟수>는 메모리에 프로그램을 다운로드한 횟수를 말합니다.

⑦ <컨트롤러 정보> 창을 닫으면, 컨트롤러 모듈에 프로그램 하기 위한 모든 준비가 완료되었다.

⑧ 컨트롤러 정보가 나타나지 않으면, 다음 사항을 확인합니다.

- USB 케이블이 정확히 연결 되었는가 ?
- 로봇의 OJU-128m3 컨트롤러 모듈의 전원이 들어오는가 ?
- OJU-128m3 모듈의 현재 동작 모드가 <프로그램> 모드인가 ? (모드 LED의 2개 모두 불이 켜져 있는지 확인)
- ③ 항목의 통신 포트가 제대로 설정되었는가 ?

제 3 장 C언어의 기초

C언어는 제어 시스템을 개발하는 프로그래밍 언어 중에 어셈블러와 함께 가장 많이 사용되고 있는 언어(Language)로, 여기에서 기본적인 C언어의 구조와 문법에 대해서 알아보도록 하자.

3.1 로봇 C언어의 기본 구조

로봇 프로그램에 사용되는 AVR용 C 컴파일러인 AVR-GCC의 기본적인 프로그램 골격은 아래와 같습니다.

```
#include "wildcat.h"

int main(void)
{
    // 제어 프로그램 작성

    return 0;
}
```

로봇 동작 프로그램을 작성할 때, 대부분 아래와 같이 전원을 인가하면서 계속 동작하는 무한 반복(infinite loop)을 하게 합니다.

```
#include "wildcat.h"

int main(void)
{
    // 프로그램 초기화 부분

    for(;;)
    {
        // 무한 반복할 프로그램 작성
```

```
    }

    return 0;
}
```

② 변수의 선언

변수는 프로그램 내에서 사용되는 데이터를 저장하는 저장소를 의미하며, 데이터를 저장, 계산 또는 판단 등의 여러 용도로 사용됩니다. 로봇에서는 SRAM영역에서 사용된다.

로봇의 C언어에서 주로 사용되는 변수의 데이터 형은 아래와 같이 6 가지입니다. 그 외에는 일반적인 C언어에 준합니다.

변수 형 선언	크기	변수의 사용 범위
u08	1 바이트	0 ~ 255
u16	2 바이트	0 ~ 65,535
u32	4 바이트	0 ~ 4,294,967,295
char	1 바이트	−128 ~ 127
int	2 바이트	−32,768 ~ 32,767
float	4 바이트	소수점 7자리까지의 실수

변수를 사용하기 전에 반드시 미리 선언하여야 하고, 아래와 같이 사용합니다.

```
u08 i, j;
u16 k;

i = 0;
k = 1000;
```

자세한 변수의 사용법에 대해서는 프로그램 예제에 잘 나와 있습니다.

3.2 연산자

C언어의 연산자는 수학적인 계산뿐만 아니라 논리 연산, 관계 연산 등 많은 용도로 사용됩니다.

a. 산술 연산자

기호	인자의 수	위치	의미
+	단일	전치	양의 부호
−	단일	전치	음의 부호
+	이진	중치	덧셈
−	이진	중치	뺄셈
*	이진	중치	곱셈
/	이진	중치	나눗셈
%	이진	중치	나머지
++	단일	전치, 후치	1증가
−−	단일	전치, 후치	1감소

b. 할당 연산자

기호	인자의 수	위치	의 미
=	이진	중치	오른쪽 값을 할당
*=	이진	중치	곱한 값을 할당
/=	이진	중치	나눈 값을 할당
%=	이진	중치	나머지 값을 할당
+=	이진	중치	더한 값을 할당
−=	이진	중치	뺀 값을 할당
<<=	이진	중치	왼쪽 쉬프트(비트 이동)한 값을 할당
>>=	이진	중치	오른쪽 쉬프트(비트 이동)한 값을 할당
&=	이진	중치	AND한 값을 할당
^=	이진	중치	XOR한 값을 할당
|=	이진	중치	OR한 값을 할당

c. 관계 연산자

기호	인자의 수	위치	의미
<	이진	중치	작다
<=	이진	중치	작거나 같다
>	이진	중치	크다
>=	이진	중치	크거나 같다
==	이진	중치	같다
!=	이진	중치	같지 않다

d. 논리 연산자

기호	인자의 수	위치	의미
&&	이진	중치	AND(논리곱)
||	이진	중치	OR(논리합)
!	단일	중치	NOT(부정)

e. 비트 단위 연산자

기호	인자의 수	위치	의미
&	이진	중치	비트 단위의 AND
|	이진	중치	비트 단위의 OR
^	이진	중치	비트 단위의 XOR
~	단일	전치	1의 보수
<<	이진	중치	왼쪽 쉬프트(비트 이동)
>>	이진	중치	오른쪽 쉬프트(비트 이동)

3.3 제어구조

① 조건(if문)

if문과 if-sele문의 사용방법은 다음과 같다. 조건식은 0이면 거짓이고 0이 아니면 참이다. 그리고 참인 경우 실행해야 할 문장들이 많으면 중괄호 { }를 사용해야 하지만 실행문이 한 개의 문장으로 되어 있는 경우에는 중괄호를 생략할 수 있다.

<table>
<tr><th></th><th>사용법</th><th>의미</th></tr>
<tr><td rowspan="2">단일조건

if문</td><td>if(조건식)　제어문;</td><td rowspan="2">조건식이 참이면 { }사이의 문장들을 실행한다. 거짓이면 { }를 건너뛴다.</td></tr>
<tr><td>if(조건식)
{
　제어문;
}</td></tr>
<tr><td rowspan="2">이중조건

if문</td><td>if(조건식)
　제어문₁;

else
　제어문₂;</td><td rowspan="2">조건식이 참이면 { 제어문₁ }사이의 문장들을 실행한다. 거짓이면{제어문₂ }사이의 문장들을 실행한다.</td></tr>
<tr><td>if(조건식)
{
　제어문₁;
}
else
{
　제어문₂;
}</td></tr>
<tr><td>다중조건

if문</td><td>if (조건식1)
제어문₁;

else if(조건식2)
제어문₂;
:
else if(조건식n-1)
제어문_{n-1};

else
제어문_n;</td><td>• 조건식1이 참인 경우, 제어문₁만을 실행하고 if문을 탈출.
• 조건식1이 거짓인 경우, 조건식2의 결과가 검사하여 참인 경우 제어문₂만을 실행하고 if문을 탈출.
• 조건식2가 거짓인 경우, 계속해서 다음 수식을 검사하여 위에서와 같이 실행.
• 모든 수식이 거짓일 경우, 마지막 else 부분의 제어문_n을 실행.(이때 else는 생략가능)</td></tr>
</table>

```
if (x > 0)
  x += 1;
else
  x -= 1;
```

if문의 동작을 순서도로 표현하면 다음과 같습니다.

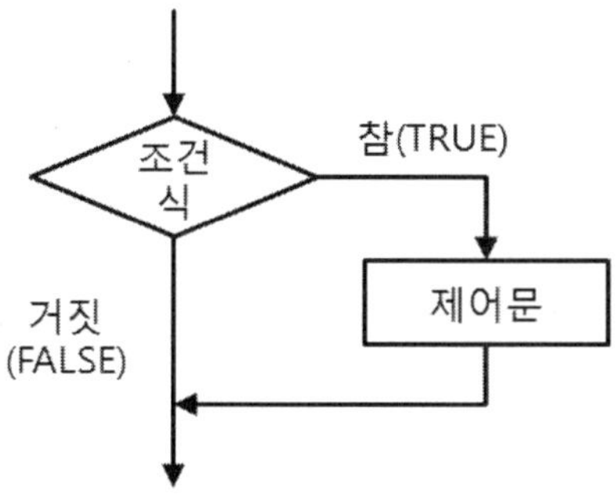

< 단일조건 if문 순서도 >

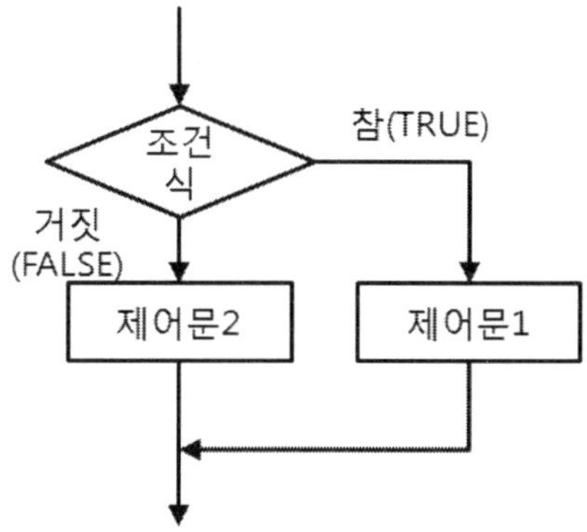

< 이중조건 if문 순서도 >

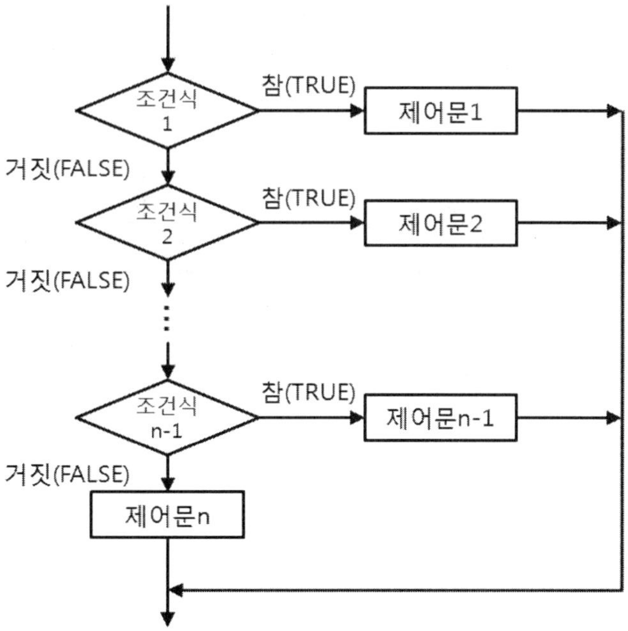

< 다중조건 if문 순서도 >

② 조건분기문(switch~case문)

```
switch (조건식)
{
   [ case 상수1 : ] [ 제어문1 ]
   [ case 상수2 : ] [ 제어문2 ]
                 :
   [ case 상수n : ] [ 제어문n ]
   [ default :          제어문 ]
 }
```

```
switch (i)
{
  case 1: a = 1;
          break;
  case 2: a = 4;
          break;
  case 3: a = 8;
          break;
  default: a = 0;
}
```

조건식의 값에 따라 각기 따른 제어문을 수행해야 하는 경우에 조건분기문을 사용하며, 각각의 경우 제어문 마지막에는 반드시 "break;" 를 입력하여야 오류가 없다. 조건분기문의 동작을 순서도로 표현하면 다음과 같습니다.

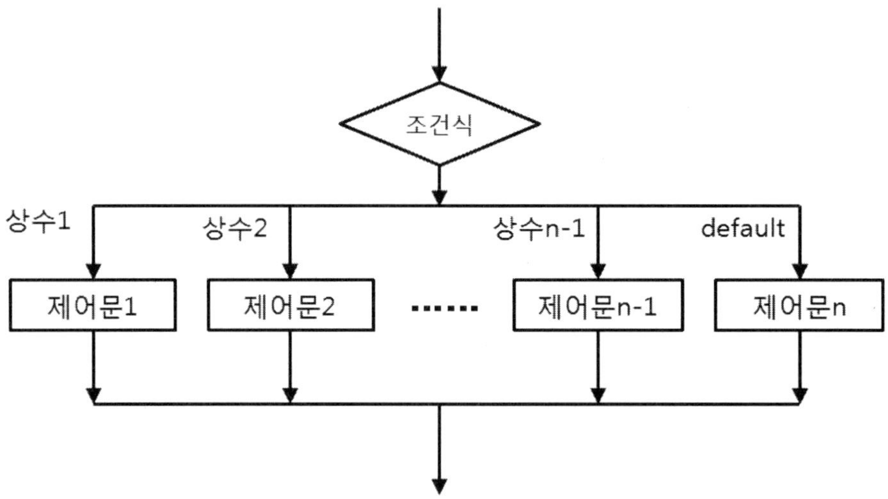

< 조건분기문(switch~case문) 순서도 >

③ 조건 순환문(while문)

while문은 조건식이 참인 동안 반복을 수행하는 제어문이다. while과 do while문과의 차이점은 while문은 조건식이 처음부터 거짓이면 { }의 문장을 한 번도 실행시키지 않지만 do while문은 조건식이 거짓이더라도 { }사이의 문장을 한번은 실행시킨다.

while문의 사용법은 다음과 같다.

	사용법	의 미

while 문	while (조건식)
	　제어문;
	
	while (조건식)
	{
	　제어문;
	}
		조건식이 참일 동안{ }사이의 문장들을 반복하며 실행한다. 조건식이 거짓이 되면 { } 부분을 더 이상 실행하지 않고 빠져 나온다.

do while문	do { 　제어문; }while (조건식)	조건식에 관계없이 일단 { }사이의 문장들을 한번 실행한 후에 조건식을 검사한다. 그리고 조건식이 참일 동안 { } 사이의 문장들을 반복해서 실행한다. 조건식이 거짓이 되면 { } 부분을 더 이상 실행하지 않고 빠져 나온다.

```
while (c>0)
  c--;
```

```
do
  c--;
while (c>0)
```

while문의 동작을 순서도로 표현하면 다음과 같습니다.

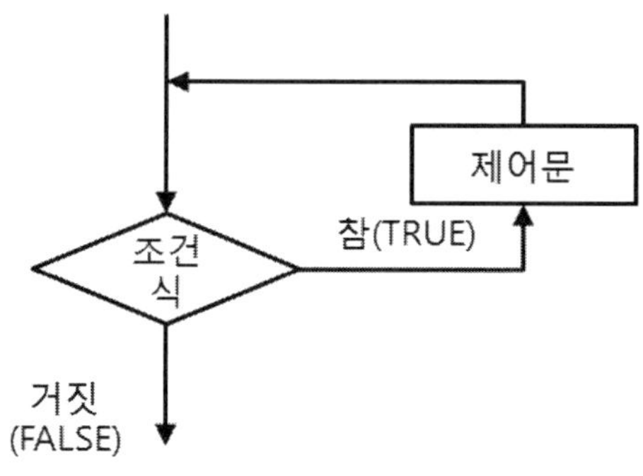

< while문 순서도 >

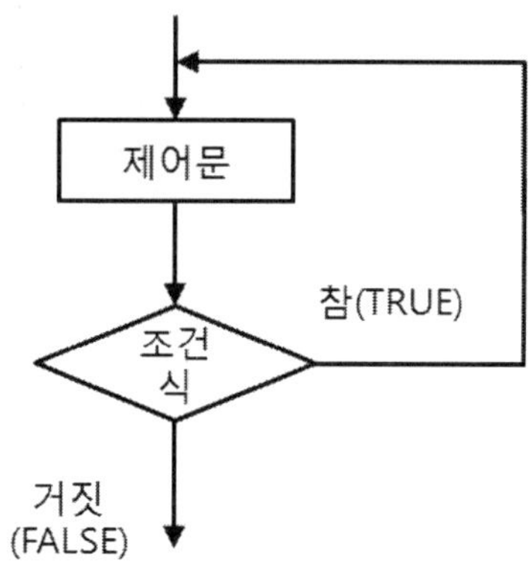

< do~while문 순서도 >

④ 반복문 (for문)

for (조건식$_1$; 조건식$_2$; 조건식$_3$) **제어문;**	**for (i = 1; i <= 100; i++)** **sum += i;**

조건식1 부분에는 제어변수의 초기 값을 설정하는 초기식이 들어가고, 조건식2 부분에는 루프를 계속 실행시킬 것인지의 조건식이 들어가며, 조건식3에는 제어변수를 변경시키는 증감식이 들어갑니다. 즉 조건식2의 값이 참인 동안 계속해서 문장1을 수행합니다.
for문의 동작을 순서도로 표현하면 다음과 같습니다.

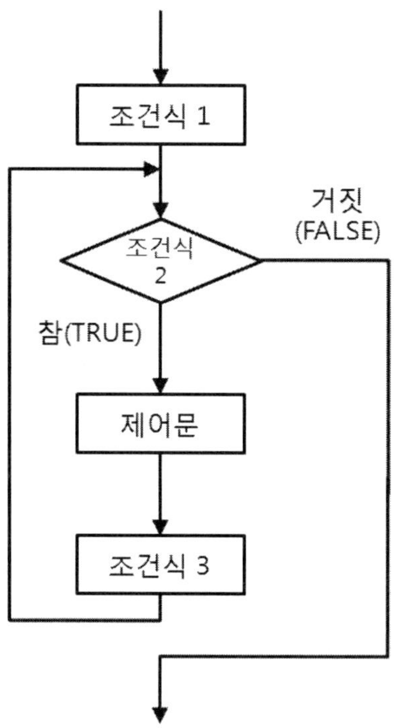

< for문 순서도 >

※ 무한반복문

무한반복하는 경우에는 다음과 같이 합니다.

while(1)
{
    제어문;
}
	for(;;)
	{
	    제어문;
	}

while문에서 주어진 조건식이 참이면 while 루프를 영원히 반복하며, for문의 경우 조건식을 쓰지않고 세미콜론(;)만 사용하면 while(1)과 동일한 기능을 한다.

※ Break문

```
break;
```

break문은 while문, do~while문, switch~case문, for문 등의 내부에서 사용되며, 프로그램 실행 도중 break; 문을 만나면 현재 실행하고 있는 반복 루프를 탈출하게 된다.

PART Ⅱ

마이크로컨트롤러 개요

제 1 장 마이크로컨트롤러

1.1 마이크로프로세서

마이크로프로세서(microprocessor, 간단히 "μP"라고 표기함)는 컴퓨터의 중앙처리장치(Central Processing Unit ; CPU)를 단일 IC(Integrated Circuit) 칩에 집적시켜 만든 반도체 소자로서, 1971년에 미국의 Intel사에 의하여 세계 최초로 만들어졌으며 오늘날은 이를 흔히 MPU(MicroProcessor Unit)라고 부르기도 한다. 그 뒤를 이어 모토로라, RCA, Zilog 등에서 이와 유사한 6800, 6801, 6502, Z80 마이크로프로세서를 개발하였다. 인텔의 마이크로프로세서는 8086, 80286, 80386, 80486, 펜티엄 프로세서로 발전하였다.

마이크로프로세서는 일반 컴퓨터의 중앙처리장치에서 주기억장치를 제외한 연산장치, 제어장치 및 각종 레지스터들을 단지 1개의 IC 소자에 집적시킨 것이므로 연산, 제어, 판단, 기억 등의 기본적인 처리기능은 일반 중 대형 컴퓨터의 CPU에 비하여 별로 다를 바가 없다. 컴퓨터가 기동되면 마이크로프로세서는 기본 입/출력 시스템, 즉 바이오스의 첫 번째 명령어를 자동으로 수행하도록 설계되어 있다.

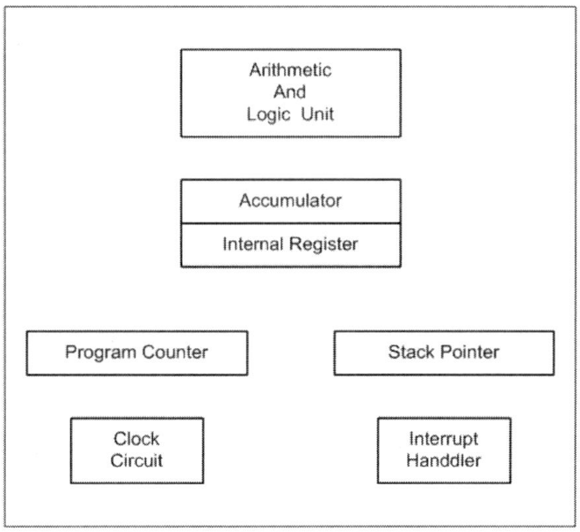

< 마이크로프로세서 블록도 >

1.2 마이크로콘트롤러

마이크로프로세서 중에 1개의 칩 내에 CPU 기능은 물론이고 일정한 용량의 메모리(ROM, RAM 등)와 입출력 제어 인터페이스 회로까지를 내장한 것을 특별히 마이크로콘트롤러라고 부른다. 이것은 일반 마이크로프로세서가 널리 사용되기 시작하면서 1970년대 중반부터 나타난 형태로서 범용의 목적보다는 기기 제어용에 주로 사용되므로 붙여진 이름이며, 이는 1개의 소자만으로 완전한 하나의 컴퓨터 기능을 갖추고 있으므로 "단일 칩 마이크로컴퓨터(one-chip 또는 single-chip microcomputer)"라고도 부른다. 최근에는 A/D변환기, PWM출력회로, Input Capture, 직렬통신, I^2C, CAN 기능을 내장한 마이크로컨트롤러가 출시되고 있어 많은 제어 시스템에 사용되고 있다. 마이크로컨트롤러는 범용의 마이크로프로세서로 지칭되는 MPU와 구별하기 위해 MCU라고 부르기도 한다.

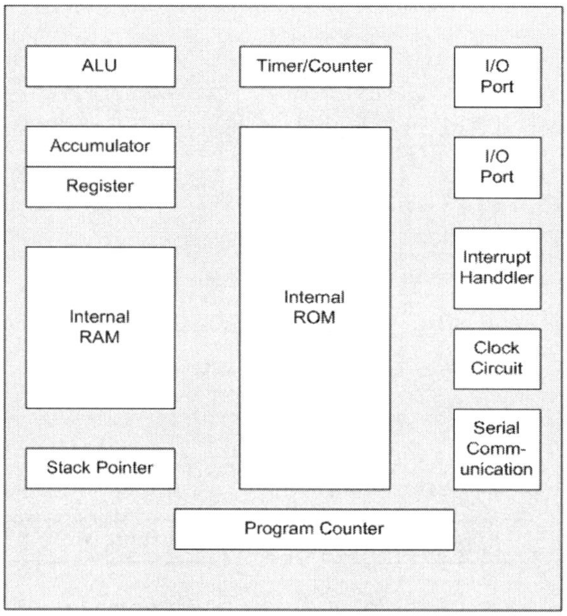

< 마이크로컨트롤러 블록도 >

제어 응용 시스템에 마이크로컨트롤러를 사용하게 되면 범용 마이크로프로세서나 하드웨어 논리를 사용하는데 비하여 다음과 같은 장점을 얻을 수 있다.

① 제품이 소형 경량화된다.
시스템의 컨트롤러 부분이 마이크로컨트롤러 LSI 1개와 극히 소수의 외부 소자들도 간단히 구성되므로 크기와 무게가 현저히 줄어들고 소비전력도 적어진다.

② 제품의 가격이 싸진다.
제어 부분이 단순화됨에 따라 부품비, 제작비, 개발비가 감소되고, 개발기간도 단축된다.

③ 시스템의 신뢰성이 향상된다.
제어가 단순화되어 부품수가 적어지고 신뢰도가 높은 소자를 사용하므로 고장률이 감소하며 유지보수가 용이해진다.

④ 시스템의 융통성이 커진다.
하드웨어에 의존하는 부분을 소프트웨어로 처리할 수 있게 되므로 기능의 변경이나 확장에 보다 유연하게 대응할 수 있다.

1.3 마이크로컨트롤러의 응용분야

마이크로컨트롤러는 고성능의 집적 IC로 응용분야가 다양하다. 최근에는 화성 탐사선에 마이크로컨트롤러를 탑재하여 무선으로 원격조정이 가능하게 되었다. 그 밖에 가전기기 분야에서부터 산업현장의 각 종 제어분야에 이르기까지 그 응용분야가 점차 늘어나고 있다.

① 산업분야
모터제어, 로봇공학, 프로세스 제어, 수치제어, 지능형 변환기 등

② 계측분야
액체/가스 크로마토그래피, 의료용계측기, 오실로스코프

③ 가전분야
비디오 레코더, 레이저디스크 구동부, 비디오게임, 전자렌지, 에어컨

④ 유도 및 제어분야
미사일제어, 지능형 무기, 우주선 유도제어

⑤ 정보통신분야
모뎀, 지능형 카드 제어

⑥ 데이터 처리분야
플로터, 복사기, 프린터, 하드디스크 구동부

⑦ 자동차분야
점화제어, 변속기제어, 연료분사 제어, 브레이크 제어

제 2 장 AVR(ATmega128)의 구조

현재 산업용에서 가장 보편적으로 사용되고 있는 마이크로컨트롤러로는 8051, AVR, PIC 등이 있으나, 본 교재에서는 다양한 모델과 쉬운 개발환경으로 많이 사용되고 있는 AVR에 대해 다루기로 한다. 따라서 본 장에서는 Atmel사의 AVR 시리즈의 개요 및 특징에 대해 알아보고, 본 교재에서 사용된 로봇에 적용되어 있는 것을 고려하여 AVR 시리즈 중에서 가장 핵심적인 기능을 가지고 있는 ATmega128에 대해 간략하게 소개하고자 한다. 따라서 본 장에서는 ATmega128의 활용을 위해 AVR의 내부 구조 에 대해 기초적인 사항을 설명하기로 한다.

2.1 ATmega AVR 개요

2.1.1 AVR의 주요 특징

AVR 시리즈 마이크로컨트롤러는 1997년에 처음 발표된 8비트 마이크로컨트롤러로서, 기본적인 구조는 Norwegian Institute of Technology(NTH)의 Alf-Egil Bogen and Vegard Wollan 두 사람에 의해 고안되었으며, 내부 구조는 다시 Atmel에서 Alf and Vegard에 의해 점차 개선되어 Atmel의 대표적인 컨트롤러로서 자리매김을 하고 있다.

AVR은 Advanced Virtual RISC(Reduced Instruction Set Computer)의 약자로서, 초기의 칩 설계자인 Alf and Vegard [RISC]의 약자로 알려져 있는 것과는 다르다. 이 책에서 설명하는 AVR은 Atmel사에서 제작된 RISC 구조의 저전력 CMOS 8-비트 마이크로 컨트롤러를 의미한다.

AVR은 프로그램 메모리와 저장되는 데이터를 각각 갖는 하바드 구조(Harvard architecture) 구조를 갖는다. 일반적인 하바드 구조에서는 프로그램을 영구적 또는 반영구적인 메모리에 저장하고, 일시적인 데이터를 휘발성 메모리에 저장하므로, 프로그램과 데이터를 동시에 읽어 들일 수 있으며, 또한 전압 스파이크나 다른 악조건의 환경 요소에 의해 프로그램 메모리에 있는 프로그램이 지워지는 상황으로부터 보호될 수 있기 때문에 임베디드 시스템과 같은 환경에서는 이러한 구조는 매우 이상적이라 할 수 있어 제어용 마이크로컨트롤러에서는 많이 사용된다.

이러한 AVR의 주요 특징으로는 다음과 같은 사항을 들 수 있다.

- 하버드 구조를 사용하여 프로그램 메모리와 데이터 메모리를 동시에 액세스할 수 있고, 대부분의 명령은 단일 클럭으로 실행하여 동작 속도를 혁신적으로 개

선한 제어기이며 임베디드 환경에 적합한 저전력 소모를 가지고 있다.

- 명령어는 16비트 버스 폭의 하드웨어로 처리되지만, 데이터는 8비트 길이 기반으로 처리되는 특이한 8비트 마이크로컨트롤러이다.

- 내부에는 32개의 범용 작업 레지스터를 가지며 모든 레지스터는 산술-논리 연산장치(ALU)와 직접적으로 연결되는 구조를 가지고 있기 때문에 한 클럭 사이클 내에 단일 명령 사이에 두 개의 독립된 레지스터를 한꺼번에 처리한다. 결과적으로 AVR RISC 구조는 CISC 마이크로컨트롤러 보다 10배 이상의 빠른 속도로 실행이 이루어지는 보다 편리한 코드 체계를 가지는 마이크로컨트롤러이다.

- C-언어로 제어하기에 적합한 주소지정 모드(addressing mode)를 제공하여 높은 코드 집적도를 가지고 있다.

- 단일 칩에 자체 프로그램이 가능한 플래시 메모리와 파라메타 저장용의 EEPROM, 일반 데이터 변수 저장을 위한 SRAM 등이 집적되어 있어 메모리의 사용에 효율성을 제고하고 있다.

- 시스템 개발 과정에 편리성을 제공하기 위해 시스템 자체 내에 프로그래밍, 디버깅, 검증 등의 기능을 포함하고 있다. 즉, ISP(In-System Programming)이라는 기법을 통해 롬 라이터와 같은 별도의 장비 없이도 PC에서 프로그램을 작성하여 곧바로 AVR 내부의 플래시 메모리로 프로그램 코드를 저장할 수 있고, 부트 로더(Boot Loader)를 통해 직렬 인터페이스로 추후 마이크로컨트롤러에 내장된 펌웨어를 업그레이드할 수 있는 자가 프로그래밍(self-programming) 기법을 제공하고 있다.

- 1.8~5.5V의 동작이 가능하며, 특히 저전력 소모에 적합한 다양한 동작 모드를 제공한다.

AVR은 이상의 구조적인 특징 외에 내장된 기능도 다양하여 현재 제어용뿐만 아니라 LAN과 USB와 같은 유선 통신, 지그비(ZigBee)와 RF 링크와 같은 무선 통신, 자동차용의 모터 제어와 같은 용도로 많이 활용되고 있다. 현재 AVR의 갖고 있는 기능은 모델에 따라 약간씩은 차이가 있지만 다음과 같은 특징을 가지고 있다.

- 다기능, 양방향의 일반 목적의 I/O 포트를 가지고 있으며, 이는 구조 변경이 가능하고, 내부에는 풀업 저항이 내장되어 있다.

- 다양한 기능의 내부 오실레이터가 내장되어 있다.

- 재 프로그램이 가능한 플래시 메모리가 256K 바이트까지 내장되어 있다. 이 메모리는 ISP, JTAG 또는 or 고전압 방법을 이용하여 시스템 내에서 프로그램이 가능하다.

- 대부분의 소자에서 JTAG 또는 debugWIRE를 통해 칩 내에서 직접적인 디버깅이 가능하다.

- 내부 데이터 EEPROM이 4K 바이트까지 제공된다.

- 내부 SRAM이 8K 바이트까지 제공된다.

- 8-비트와 16-비트의 타이머가 내장되어 있으며, 이를 이용하여 PWM 출력 기능으로 활용할 수 있다.

- 아날로그 비교기가 내장되어 있다.

- 16개까지의 채널 입력을 갖는 10-비트의 A/D 변환기가 내장되어 있다.

- I^2C 호환성을 갖는 TWI 기능, RS-232, RS-485 등의 지원을 위한 UART/USART, SPI(Serial Peripheral Interface) 버스와 2선 또는 3선식의 동기 데이터 전송을 위한 USI(Universal Serial Interface)등의 다양한 기능으로 직렬 인터페이스를 제공한다.

- 저전압 검출(Brown-out Detection) 기능을 제공한다.

- Watchdog Timer (WDT)를 내장하고 있다.

- 전원 절약을 위한 여러 가지의 슬립 모드를 제공한다.

● CAN 컨트롤러, USB 컨트롤러, 이더넷 컨트롤러와 LCD 컨트롤러의 지원이 가능하다.

2.1.2 AVR 마이크로컨트롤러의 종류

AVR 시리즈 마이크로컨트롤러는 다양한 응용 분야에 사용될 수 있도록 내장된 메모리와 외부 접속 장치의 규모에 따라 Tiny 계열, Classic 계열과 Mega 계열 및 자동차용, 유무선 통신용으로 사용되는 전용 AVR 계열로 나누어진다. 전체 AVR 계열의 전제품의 구성은 다음 표와 같다.

■ AVR 계열

AVR 계열	소자의 종류	주요기능
Tiny	ATtiny11/12L/13/15L ATtiny24/25/261 ATtiny44/45 ATtiny84/85	• 1~8K 바이트의 프로그램 메모리 • 8~20 핀 패키지 • 주변 소자의 기능이 제한적으로 내장됨
Mega	ATmega8/48/88L ATmega8515/8535 ATmega16/128/164/168 ATmega32/324/325/3250L ATmega64/640/644/6450 ATmega128/1280/1281 ATmega2560/2561	• 4~256K 바이트의 프로그램 메모리 • 28~100 핀 패키지 • 확장 명령어 세트를 가지고 있음(곱셈과 확장 메모리를 다루기 위한 명령어 내장) • 주변 소자의 기능이 확장됨.
Application Specific	ATtiny25/45 AT90PWM1/2 Atmega406 AT90CAN128P/329P AT90USB1286/647 ATmega64RZAPV/RZAV ATmega3290P/329P	• Automotive • Lighting • Smart Battery • CAN • USB • Z-Link • LCD

● Tiny 계열

이 계열의 AVR은 소형 시스템에 적합한 소자로 장난감, 게임용 장치, 배터리 충전기 등 간단히 조립될 수 있는 센서 응용회로에 적용될 수 모델로서, 대량으로 생산되는 간단한 응용분야에 사용하는 것을 목적으로 출시되어 가격이 낮고 기능이나 성능도 낮다. Tiny 계열의 내부에는 1K~2K 바이트의 플래시 메모리를 가지고 있으며, 외부 핀은 대개 8핀에서 28핀 정도로 외형이 아주 작으므로, 작은 프로그램에 적합한 소자이다.

● Mega 계열

이 계열의 AVR은 프로그램 크기가 대형이고 입출력의 수가 많은 시스템에 적합한 소자로 무선 전화기 및 프린터용 제어기, FAX 및 CD-ROM 제어기에 응용 될 수 있는 모델로서, 규모가 크고 성능이 높은 응용 분야에 활용을 목적으로 출시되어 가격이 고가이고 기능이나 성능도 높다.

Mega 계열의 내부에는 8K~256K 바이트의 플래시 메모리를 가지고 있으며, 외부 핀은 28핀에서 100핀 정도로 핀 수가 상당히 많다. 이중에서 성능이 우수한 모델의 경우에는 20MHz 클럭에서 20MIPS의 명령 처리 속도를 가지고 있다.

Mega 계열에는 플래시 메모리의 용량에 따라 기본 모델이 ATmega8, ATmega16, ATmega32, ATmega64, ATmega128, ATmega256 등으로 출시되고 있다.

① mega16L / mega161 / mega161L /mega163 / mega163L

40/44핀 패키지로 출시되고, 16K 바이트의 ISP로 프로그램 가능한 플래시 메모리와 1K바이트 SRAM 및 512 바이트의 EEPROM을 가지고 있다. 내부에 별도의 32 kHz 발진자를 가지고 있는 RTC를 1개 가지고 있으며 전원 절약모드(7mA)도 가지고 있다. 칩 내부에 2사이클로 연산 가능한 곱셈기를 가지며 4채널의 PWM을 보유하고 있다. 또한 외부의 직렬 접속을 위하여 2개의 UART 및 SPI 접속을 할 수 있으며 프로그래밍이 가능한 저전압 검출(Brown-Out detection) 회로를 가지고 있다.

② mega128L / mega1280V

64/100핀 패키지로 출시되고, 128 K바이트의 ISP로 프로그램 가능한 메모리를 가지고 있으며 4K 바이트 SRAM 및 4K 또는 8K 바이트의 EEPROM을 가지고 있다. 외부에 약 60K 바이트의 데이터 메모리를 확장할 수 있는 구조이고, 내장 메모리의 프로그래밍과 온칩 디버그 기능을 위하여 JTAG 인터페이스 기능을 제공한다.

또한, 6개의 8비트 I/O, 2개의 8비트 타이머/카운터, 2개의 16비트 타이머/카운터,

8채널의 10비트 A/D 변환기, 2개의 전이중 방식의 USART, SPI 및 TWI 직렬 통신 포트, 아날로그 비교기, 전원 절약을 위한 6개의 슬립모드 등의 기능을 지원한다. 이외에 칩 내부에 2사이클로 연산 가능한 곱셈기를 가지며 4채널의 PWM 출력 포트를 가지고 있고, 프로그래밍이 가능한 저전압 검출 회로를 가지고 있다.

● 특수 용도의 AVR

이외에 AVR은 응용 분야에 따라 자동차용, 통신용, LCD 제어용 등 다양한 응용에 적합하도록 최적화하여 출시하고 있다. 자동차용의 AVR의 경우에는 자동차의 센서와 액츄에이터를 제어할 수 있는 기능과 차량용의 통신 기법인 CAN(Controller Area Network)과 LIN(Local Interconnect Network)을 지원하도록 최적화되어 있으며, 자동차의 동작 성능을 고려하여 악조건 하에서도 동작이 가능하도록 동작 온도가 다양하게 출시되고 있다. 즉, T 성능의 경우에는 -40° C~+85° C에서, T1의 경우에는 -40° C~+105° C, Z의 경우에는 -40° ~+125° C에서 동작이 가능하다. PC와의 데이터 통신을 위해서 USB 2.0의 호스트 컨트롤러 기능을 갖는 USB 제어기가 내장된 AVR과 홈 네트워크에서의 무선 통신을 지원하기 위해 ZigBee 기능을 지원하는 Z-Link의 AVR 등이 새롭게 출시되어 AVR은 첨단 산업의 전 분야에 걸쳐 활용되고 있다.

2.2 ATmega128의 기본 구조와 기능

앞에서 살펴본 바와 같이 AVR을 코어 기능으로 하여 하나의 소자에 내장되는 플래시 메모리, SRAM, EEPROM 등의 메모리, 기타 부가된 I/O의 내용과 특수 사용목적에 따라 다양한 종류의 소자가 출시되고 있다. 이렇게 다양하게 출시되는 AVR 계열중에서 어떠한 마이크로컨트롤러를 사용하느냐는 시스템의 규모에 따라 시스템 설계자가 선정하여야 한다.

예를 들어 Tiny 계열의 마이크로컨트롤러는 I/O가 작고, 메모리의 용량이 작은 장난감을 제어하는데 사용될 수 있으며, Mega 계열의 마이크로컨트롤러는 I/O의 수가 많고, 제어 프로그램의 구조가 복잡한 소형 로봇 제어기와 같은 시스템에서 사용될 수 있다. 특히, Mega 계열을 자세히 살펴보면 부가 I/O의 종류와 메모리의 용량에 따라 많은 종류의 마이크로컨트롤러가 출시되는데, 이들 모든 소자들은 기본적으로 동일한 AVR 코어를 가지고 있으므로, 핵심적인 기능과 제어 프로그램의 작성에 대해서는 모두 동일하게 적용이 가능이 가능하고, 일부 부가되는 I/O 기능에 따라 달리 구성되므로 하나의 소자만 잘 다루면 확장된 기능을 중심으로 공부하면 모든 AVR을 잘 활용할 수 있게 된다.

따라서 본 교재에서는 I/O, 타이머/카운터, 인터럽트, 직렬통신, 아날로그 비교기 등의 마이크로컨트롤러가 내장하고 있는 대부분의 I/O를 내장하고 있는 ATmega128을 소개하기로 한다.

2.2.1 ATmega128의 주요 특징

다음 그림은 ATmega128의 블록선도로 다음과 같은 특징을 갖는다.

유사 RISC 구조 : 대부분 한 클럭에 동작하는 133개의 명령어, 32개의 8비트 범용 레지스터, 16MHz에서 16MIPS 의 성능, 2사이클에서 실행되는 내장 곱셈장치 6개의 Sleep 모드 : idle, ADC noise reduction, power save, power down, standb, xtended standby 모드 지원

메모리 : 128K byte의 10000번까지 ISP를 이용해 쓰고 지우기 가능한 플래시 롬 내장하고 있으며 부트 코드 영역으로 사용 가능, 십만번까지 쓰고 지우기 가능한 4K 바이트의 EEPROM 내장, 4K바이트의 SRAM을 내장, 최대 64K바이트의 외부 데이터 메모리 추가 가능, 소프트웨어의 보안을 위한 프로그램 잠금 기능 제공

ALU : 32개의 범용레지스터와 직접 연결되어 수학연산, 논리연산, 비트 연산을 보통 한 개의 시스템 클럭안에서 수행한다.

Watchdog Timer : 프로세서가 안정적으로 동작하는지 감시하는 기능을 수행한다. 프로세서에 이상이 생겨 일정 시간마다 Watchdog Timer가 리셋되지 않게 되는 경우 시스템에 인터럽트를 발생시켜 프로세서를 초기화 시키는 동작이 이루어지게 하여 안정적인 동작을 보장할 수 있다.

입출력 I/O : 6개의 8비트 병렬 I/O포트와 1개의 5비트 병렬 I/O포트로 총 53개의 프로그램 가능한 입출력 선을 갖고 있다.

타이머/카운터 : 2개의 8비트 타이머(타이머0와 2)와 2개의 16비트 타이머(타이머1와 2)를 가지고 있다. 이들은 2개의 8비트 PWM 출력, 2-16비트 PWM 출력, 출력비교 단자 등과 관련되어 동작한다.

AD 변환기 : 8채널의 10비트 AD 변환기를 제공한다. 이들은 8개의 단일입력 혹은 7개의 차동입력 채널로 사용 가능하며, 8개중 프로그램이 가능한 입력 게인(1x,

10x, 200x)을 갖는 2개의 채널이 존재한다.

비교기 : 아날로그 비교기를 1개 내장하고 있다.

발진기 : RC 발진기를 내장하고 있으며 외부에서 크리스탈을 접속해 정확한 클럭소스를 사용할 수도 있다.

직렬통신포트(Serial Port) : 동시 양방향 전송이 가능한 범용 동기/비동기 직렬 통신(USART) 기능을 제공하는 직렬통신포트를 2개 존재하여 쉽게 RS232C 통신을 구현할 수 있다.

인터럽트 : 리셋과 8개의 외부인터럽트를 포함하여 총 35개의 인터럽트 벡터를 가지고 있다.

JTAG 인터페이스 : JTAG 인터페이스로 플래시, EEPROM, 퓨즈, Lock 비트를 프로그램이 가능하며, 내장된 상태에서 디버그를 가능하게 한다.

SPI (Serial Peripheral Interface) 인터페이스 : SPI는 오직 3라인을 이용한 통신방법으로 MOSI (Master Out Slave In), MISO (Master In Slave Out), SCK (Serial ClocK) 신호를 이용한다. Motolora에서 개발되었으며 Master와 Slave가 SCK에 동기하여 데이터를교환하는 방식으로 마이컴의 RST(리셋) 핀을 0으로 한 상태에서 앞의 세 시그널을 이용하여 메모리의 데이터를 읽고 쓰기가 가능하다. 즉 내부에 롬라이터와 같은 기능을 하는 부분이 내장되어 있어 내부 플래시롬을 롬라이터 없이 읽고 쓰기가 가능하므로 SPI가 지원되면 따로 롬라이터를 이용하지 않고도 PCB 기판 상에 마이컴을 실장하고 전원과 클럭이 공급되는 상태에서 프로그래밍이 가능한 ISP(In System Programming) 기능이 제공된다.

2.2.2 ATmega128의 핀의 기능

앞에서 설명한 바와 같이 ATmega128의 외부 구조는 그림에 나타낸 것처럼 40핀의 PDIP 패키지와 44핀의 TQFP 패키지로 되어 있다. 이 핀들의 기능은 다음과 같다.

■ 포트 A(PA7~PA0)

포트 A는 ATmega128 IC의 핀 37번에서 핀 30번까지로 중복된 기능을 가지는 포트이다. 즉, 외부 데이터 메모리와 데이터 전송시 하위 주소와 데이터 버스로 사용되고, 외부에 메모리를 인터페이스하지 않을 때에는 내부 풀업 저항(20kΩ~50kΩ)을 갖는 8비트의 양방향 I/O 포트로 사용 가능하다. 또한, 외부 핀에서 발생하는 신호를 감지하여 인터럽트로 활용할 있도록 핀 변경 인터럽드 단자로도 사용이 가능하다. 이를 표에 요약해 놓았다.

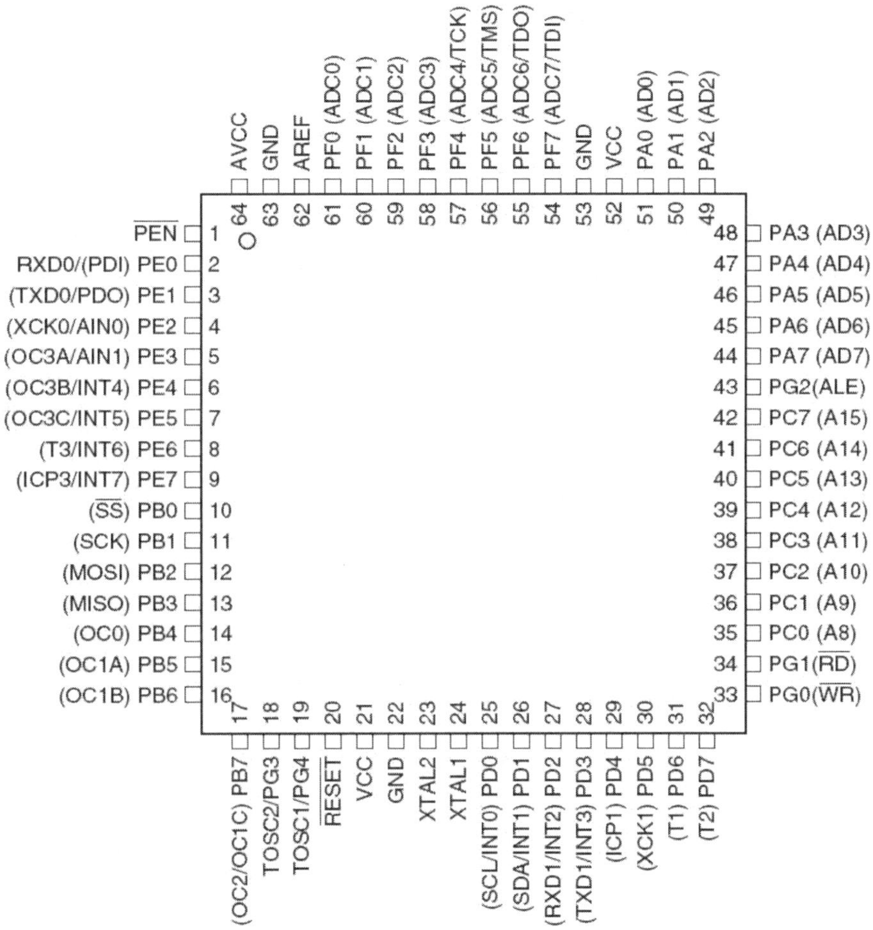

< ATmega128의 핀 배치도 >

■ 포트 A의 다중 기능

포트 핀	다른 기능
PA0	AD0 (주소/데이터 비트 0)/ PCINT0 (핀 변경 인터럽트 0)
PA1	AD1 (주소/데이터 비트 1)/ PCINT1 (핀 변경 인터럽트 1)
PA2	AD2 (주소/데이터 비트 2)/ PCINT2 (핀 변경 인터럽트 2)
PA3	AD3 (주소/데이터 비트 3)/ PCINT3 (핀 변경 인터럽트 3)
PA4	AD4 (주소/데이터 비트 4)/ PCINT4 (핀 변경 인터럽트 4)
PA5	AD5 (주소/데이터 비트 5)/ PCINT5 (핀 변경 인터럽트 5)
PA6	AD6 (주소/데이터 비트 6)/ PCINT6 (핀 변경 인터럽트 6)
PA7	AD7 (주소/데이터 비트 7)/ PCINT7 (핀 변경 인터럽트 7)

■ 포트 B(PB7~PB0)

포트 B는 ATmega128 IC의 핀 3번에서 핀 1번까지는 PB7~PB5, 핀 44번에서 핀 40번까지는 PB4~PB0로 연결되어 있다. 이 포트는 타이머/카운터와 SPI 등의 중복된 기능을 가지고 있고, 이상의 기능을 사용하지 않을 경우에는 내부 풀업 저항(20kΩ~50kΩ)을 갖는 8비트의 양방향 I/O 포트로 사용이 가능하다. 이를 표에 요약해 놓았다.

■ 포트 B의 다중 기능

포트 핀	다른 기능
PB0	OC0 (타이머/카운터 0의 비교 일치 출력)/ T0 (타이머/카운터 0의 외부 계수 입력)/ $clk_{I/O}$ (분할된 시스템 클럭)
PB1	OC2 (타이머/카운터 2의 비교 일치 출력)/ T1 (타이머/카운터 1의 외부 계수 입력)
PB2	RxD1 (UART1 입력 포트)/ AIN0 (아날로그 비교기 +입력)
PB3	TxD1 (UART1 출력 포트)/ AIN1 (아날로그 비교기 -입력)
PB4	$\overline{SS}$ (SPI 슬레이브 선택 입력)/ OC3B (타이머/카운터 3의 출력 비교B 일치 출력)
PB5	MOSI (SPI 버스 마스터 출력/슬레이브 입력)
PB6	MISO (SPI 버스 마스터 입력/슬레이브 출력)
PB7	SCK (SPI 버스 직렬 클럭)

주) 핀이 다중 기능으로 사용될 경우에는 DDRB와 PORTB 레지스터는 다중 기능을 수행할 수 있도록 설정되어야 함.

■ 포트 C(PC7~PC0)

포트 C는 ATmega128 IC의 핀 25번에서 핀 18번까지로 중복된 기능을 가지는 포트이다. 즉, 외부 데이터 메모리와 데이터 전송시 상위 주소 A8~A15로 사용되고, 외부에 메모리를 인터페이스하지 않았을 때에는 내부 풀업 저항(20kΩ~50kΩ)을 갖는 8비트의 양방향 I/O 포트로 사용이 가능하다. 또한, 외부 핀에서 발생하는 신호를 감지하여 인터럽트로 활용할 있도록 핀 변경 인터럽트 단자로도 사용이 가능하며, PC7~PC4 핀은 JTAG 인터페이스용으로 사용되기도 한다. 이를 표에 요약해 놓았다.

■ 포트 C의 다중 기능

포트 핀	다른 기능
PC0	A8 (주소 비트 8)/ PCINT8 (핀 변경 인터럽트 8)
PC1	A9 (주소 비트 9)/ PCINT9 (핀 변경 인터럽트 9)
PC2	A10 (주소 비트 10)/ PCINT10 (핀 변경 인터럽트 10)
PC3	A11 (주소 비트 11)/ PCINT11 (핀 변경 인터럽트 11)
PC4	A12 (주소 비트 12)/ TCK (JTAG 시험 클럭)/ PCINT12 (핀 변경 인터럽트 12)
PC5	A13 (주소 비트 13)/ TMS (JTAG 시험 모드 선택 핀)/ PCINT13 (핀 변경 인터럽트 13)
PC6	A14 (주소 비트 14)/ TDO (JTAG 시험 데이터 출력)/ PCINT14 (핀 변경 인터럽트 14)
PC7	A15 (주소 비트 15)/ TDI (JTAG 시험 데이터 입력)/ PCINT15 (핀 변경 인터럽트 15)

■ 포트 D(PD7~PD0)

포트 D는 ATmega128 IC의 핀 13번에서 핀 7번까지는 PD7~PD1, 핀 5번은 PD0로 연결되어 있다. 이 포트는 타이머/카운터, 외부 인터럽트, USART, 외부 F 메모리 액세스 등의 중복된 기능을 가지고 있으며, 이상의 기능을 사용하지 않을 경우에는 내부 풀업 저항(20kΩ~50kΩ)을 갖는 8비트의 양방향 I/O 포트로 사용이 가능하다. 이를 표에 요약해 놓았다.

■ 포트 D의 다중 기능 F

포트 핀	다른 기능
PD0	RxD0 (USART0 입력 포트)
PD1	TxD0 (USART0 출력 포트)
PD2	INT0 (외부 인터럽트 0 입력)/ XCK1 (USART1의 외부 클럭 입력/출력)
PD3	INT1 (외부 인터럽트 1 입력)/ ICP3 (타이머/카운터 3 입력 캡처 핀)
PD4	TOSC1 (타이머 오실레이터 핀 1)/ XCK0 (USART0의 외부 클럭 입력/출력)/ OC3A (타이머/카운터 3의 출력 비교A 일치 출력)
PD5	TOSC2 (타이머 오실레이터 핀 2)/ OC1A (타이머/카운터 1의 출력 비교A 일치 출력)
PD6	$\overline{WR}$ (외부 메모리의 쓰기 스트로브 신호)
PD7	$\overline{RD}$ (외부 메모리의 읽기 스트로브 신호)

■ 포트 E(PE1 ~ PE0)

포트 E는 3비트로 구성되어 있으며, ATmega128 IC의 핀 26, 27번 핀과 29번핀으로 연결되어 있다. 이 포트는 외부 인터럽트, 타이머와 외부 메모리 액세스에 관련된 ALE 등의 중복된 기능을 가지고 있으며, 이상의 기능을 사용하지 않을 경우에는 내부 풀업 저항(20kΩ ~ 50kΩ)을 갖는 양방향 I/O 포트로 사용이 가능하다. 이를 표에 요약해 놓았다.

■ 포트 E의 다중 기능

포트 핀	다른 기능
PE0	ICP1 (타이머/카운터 1에 대한 입력 캡처 핀)/ INT2 (외부 인터럽트 2 입력)
PE1	ALE (외부 메모리에 대한 ALE 신호)
PE2	OC1B (타이머/카운터 1의 출력 비교B 일치 출력)

이상의 포트들을 범용의 입출력 포트로 사용할 경우에는 DDRx 레지스터를 통하여 포트를 출력 또는 입력으로 설정하고, 출력 데이터는 PORTx 레지스터를 통하여 출력할 수 있고, 입력 데이터는 PINx 레지스터를 통하여 읽을 수 있다. 자세한 동작은 I/O 포트를 다루는 6장에서 설명하기로 한다.

■ $\overline{RESET}$

ATmega128에 대한 마스터 리셋 입력으로 액티브 LOW 신호이다. 올바른 리셋 동작을 위해서는 최소 2.5㎲ 이상의 신호 폭이 요구된다.

■ XTAL1 단자는 반전 오실레이터에 증폭기에 대한 입력이며, 내부 클럭 동작 회로에 대한 입력이다.

■ XTAL2 단자는 반전 오실레이터에 증폭기의 출력이다.

■ VCC는 전원입력 단자로 +2.7V ~ +5[V]가 인가된다.

■ GND는 전원 접지 단자이다.

2.2.3 ATmega128의 내부 구조

ATmega128의 내부 구조는 다음 그림에 나타낸 것처럼 하버드 구조라는 특징을 가지므로 내부 버스가 2가지로 구성되어 있다. ATmega128의 프로그램 메모리는 소자의 내부에만 존재하므로 이를 위한 버스도 내부에만 있게 되는데, 이 그림에서 프로그램 카운터(Program Cuunter), 프로그램 플래시 메모리, 명령 레지스터(instruction register), 명령 해독기(instruction decoder) 등을 연결하는 버스가 바로 프로그램 메모리를 액세스하기 위한 명령 인출 버스에 해당한다. 또한, 이 그림에서 굵은 선으로 표시된 것이 데이터 액세스용 버스인데, 이것은 내부에서 범용 레지스터, SRAM이나 EEPROM과 같은 데이터 메모리는 물론이고 각종 내장 I/O들을 모두 연결하고 있으며, 외부에 데이터 메모리를 확장할 수 있도록 시스템 버스에 접속되어 있다.

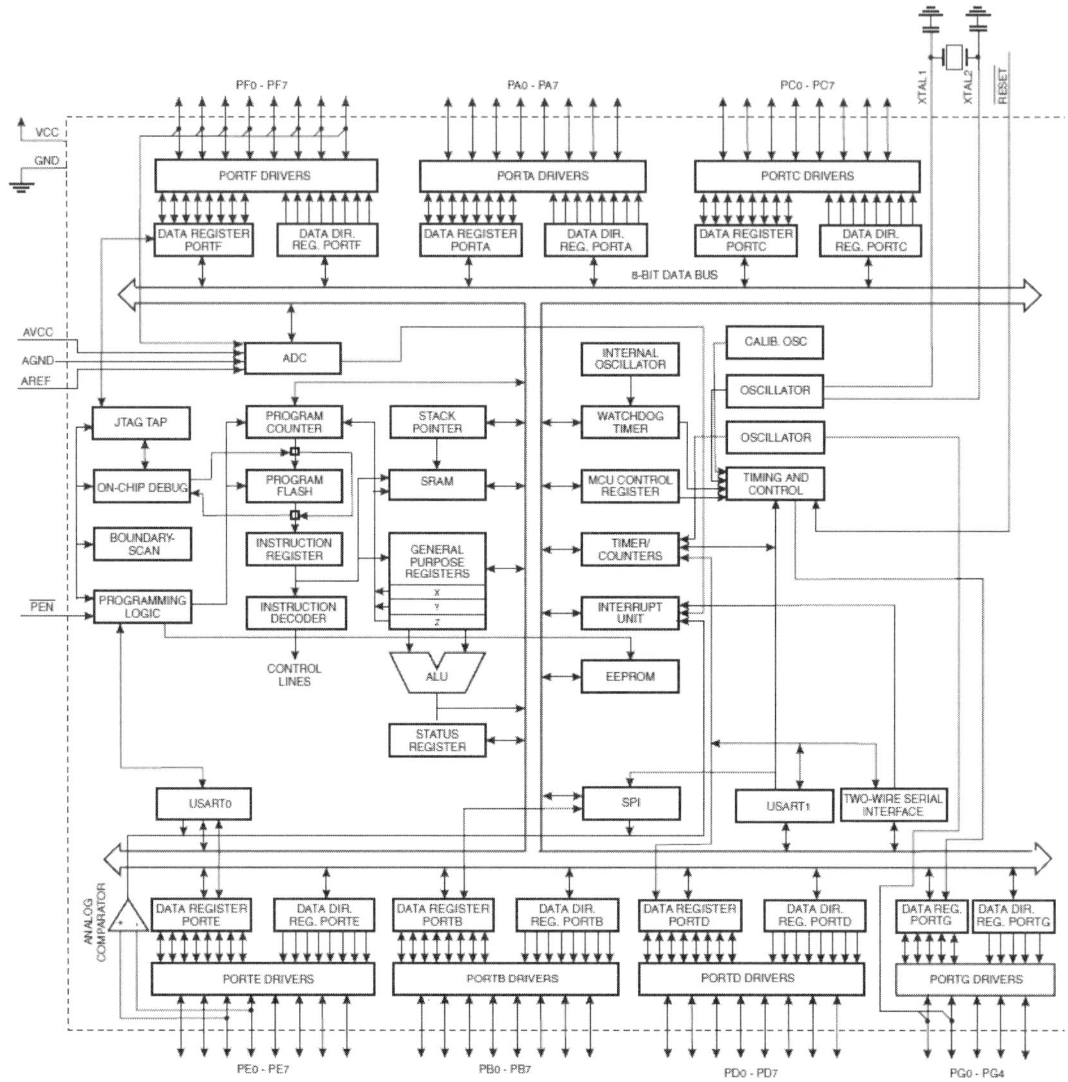

< ATmega128의 내부 구조 >

PART Ⅲ

로봇 프로그래밍

제 1 장 프로그램 시작하기

오주 스튜디오를 이용하여, 로봇에 있는 8개 LED를 모두 켜고, 끄는 동작을 반복하는 프로그램을 작성하고, 이를 다운로드하여 실행해보는 프로그램에 대해서 배웁니다.

1.1 프로그램의 작성

오주 스튜디오를 이용하여 다음 프로그램을 작성합니다.

```
/*
 ex00.c   : 8개 LED 깜박이기
*/

#include "wildcat.h"

int main(void)
{
    wildcat_start();

    for(;;)
    {
        led(ALL, ON);
        delay_s(1);
        led(ALL, OFF);
        delay_s(1);
    }
    return 0;
}
```

위 프로그램의 내용에 대해서는 뒤에서 자세히 알아보도록 하겠습니다. 여기에서는 실행되는 과정에 대해서 설명하겠습니다.

① 왼쪽 <프로젝트> 탭을 선택하고, “모델명” 항목에서 “Wildcat”으로 선택합니다.

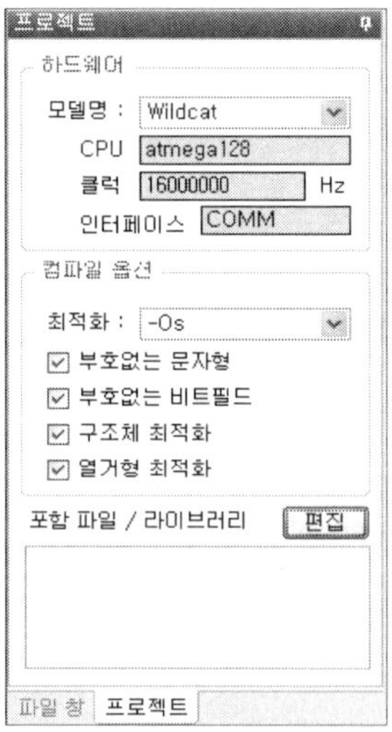

② 프로그램을 저장합니다. 저장할 때는 파일 이름을 영문으로 작성하는 것이 좋습니다. 이번 예에서는 "ex00.c" 로 저장합니다.

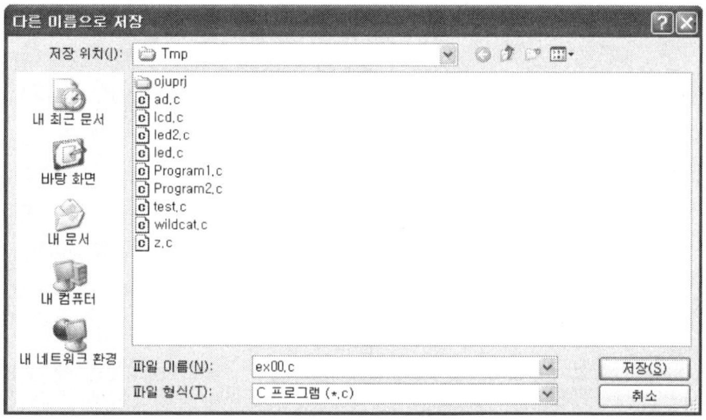

③ 로봇의 "OJU-128m3" 컨트롤러 모듈의 상태를 확인합니다.

- USB 케이블의 연결은 되어 있는가 ?
- 로봇에 배터리(AAA 형 4개)를 끼우고, 로봇 전원 스위치를 ON 하였는가 ?
- OJU-128m3 모드 전환 스위치가 "PROGRAM" 으로 되어 있는가 ?
- OJU-128m3 모드 LED 2개가 모두 불이 켜져 있는가 ?

만약, 위의 사항을 모두 확인하였다면, 다음 과정으로 넘어갑니다. 위의 과정 중에 하나라도 확인되지 않았다면, 로봇의 프로그램이 되지 않을 수 있습니다.

로봇의 프로그램 과정이 원할치 않을 경우에는 " 프로그램의 설치 및 설정" 을 잘 읽어보시고, 다시 프로그램을 설정하시기 바랍니다.

④ <컨트롤러>의 <컴파일>을 선택하여, 작성한 프로그램을 컴파일합니다. 툴바의 단축버튼을 눌러 실행하여도 됩니다.

⑤ 프로그램 작성이 완벽하게 되었다면, 컴파일 과정은 성공하게 되고, 아래 창이 나타납니다.

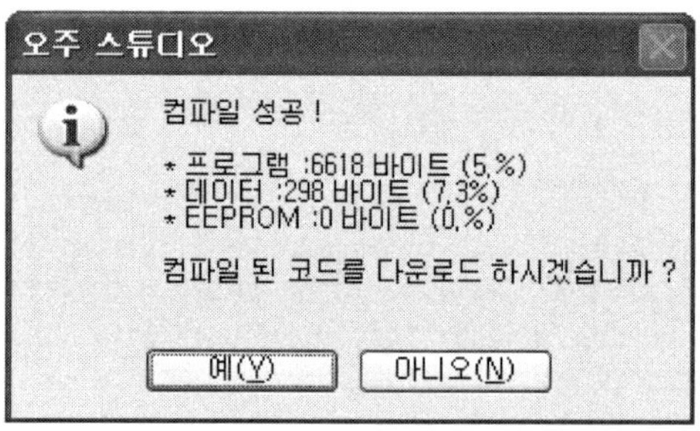

⑥ 컴파일이 완료되었으면, 로봇에 다운로드 하기위해 <예>를 클릭합니다.

⑦ 다음과 같은 다운로드 창이 나타납니다.

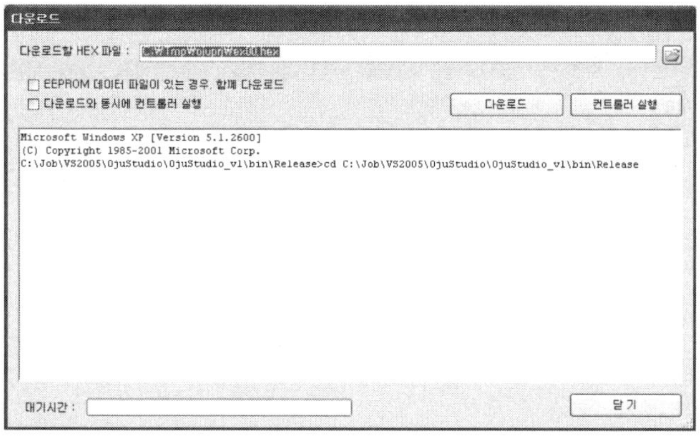

⑧ <다운로드> 버튼을 클릭합니다.

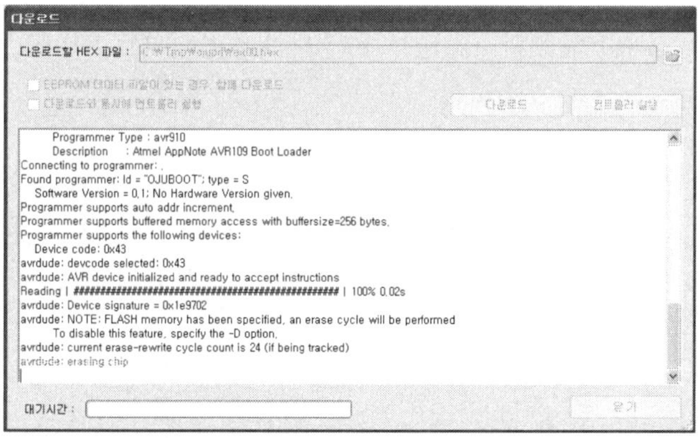

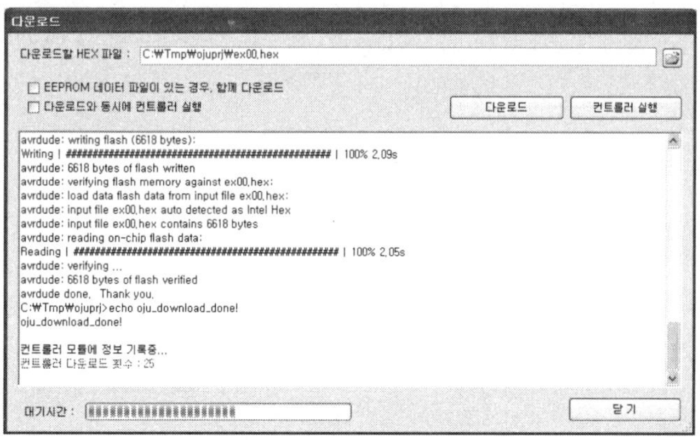

⑨ 다운로드가 완료되었으면, <컨트롤러 실행> 버튼을 클릭하여 다운로드한 프로그램을 실행합니다.

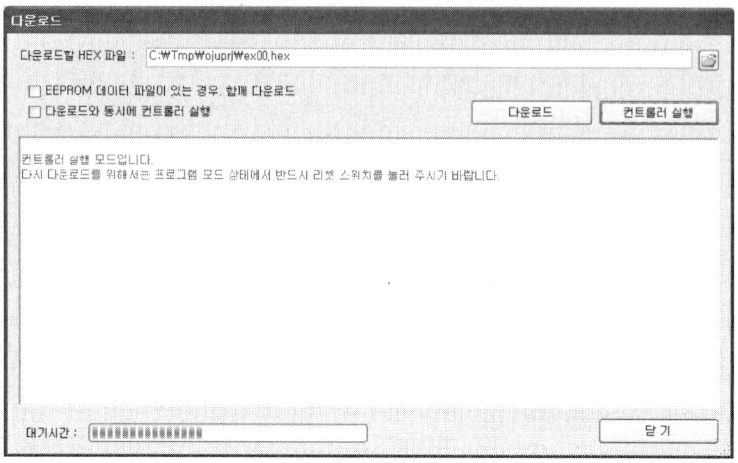

⑩ 프로그램이 실행되면, 로봇의 LED가 8개가 1초마다 ON/OFF를 반복하면서 깜박입니다.

⑪ 동작 상태를 모두 확인한 후, 다시 프로그램을 초기화하려면 로봇의 OJU-128m3 모듈의 모드 전환 스위치를 "PROGRAM" 에 위치하고, 리셋(RESET) 스위치를 누릅니다. 이때, 모드 LED 2개 모두 불이 켜져 있는지 확인합니다.

> 오주스튜디오를 이용하여 로봇의 프로그램 과정을 3.2에서 알아보았습니다. 이후의 모든 예제 프로그램은 위의 과정을 설명하지 않습니다. 그러므로, "3.2의 프로그램 시작하기" 를 잘 습득하고, 이후의 모든 예제 프로그램에서 이와 같은 방법으로 로봇을 동작하시기 바랍니다.

제 2 장 LED를 이용한 디지털 출력

2.1 LED 란

전자부품 중에 다이오드는 전류를 한 방향으로만 흐르게 합니다. 전류가 한 방향으로 흐를 때 불이 들어오도록 만든 발광(發光) 다이오드를 "LED" 라고 부릅니다.
LED는 주로 적색, 녹색이 많지만 청색, 흰색도 있습니다. LED는 다리가 긴 쪽이 +극(양극), 짧은 쪽이 -극(음극)입니다.

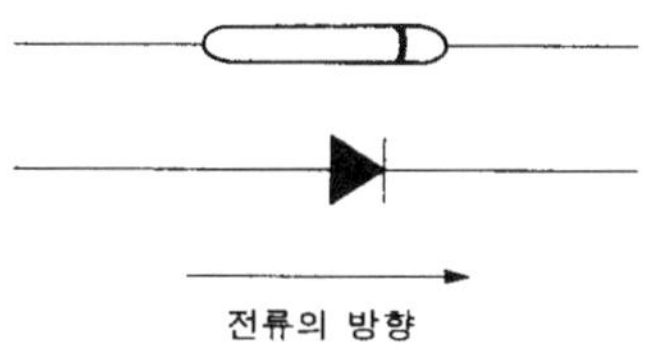

다이오드의 외형과 기호

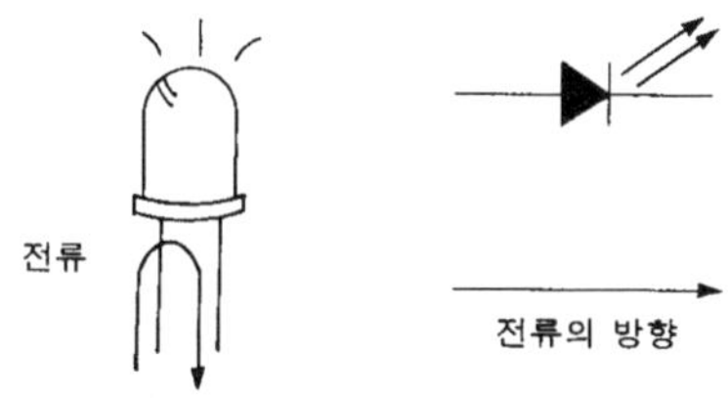

LED의 외형과 기호

LED를 간단히, 작은 꼬마전구라고 생각하면 됩니다. 로봇에는 8개의 LED가 메인 PCB에 부착되어 있고, 본 장에서는 C언어 프로그램을 이용하여 LED를 어떻게 프로그램으로 동작시키는지 학습합니다.

2.2 LED 관련 함수 설명

로봇의 LED를 동작시키키 위한 C 언어 함수를 설명하도록 하겠습니다.

2.2.1 led 함수를 이용한 LED0 (0번 LED) 켜기와 끄기

함수 및 설명

led 함수 : 로봇의 8개 LED를 켜거나 끌 때 사용하는 함수입니다.

함수 사용법

led(LED번호, ON 또는 OFF);

- LED 번호에는 동작하려는 LED 번호를 지정합니다. 0번부터 7번까지 이며, 8개 LED 모두를 지정하려면 'ALL' 이라고 합니다.
- ON(켜기) 또는 OFF(끄기)로 LED에 명령을 줍니다. 아래 ex01.c 예제 프로그램에서는 0번 LED를 켜는 프로그램의 예입니다.

ex01.c 예제 프로그램

```
#include "wildcat.h"

int main(void)
{
    wildcat_start();

    led(0, ON);
    return 0;
}
```

ex01-1.c 예제 프로그램

```
#include <avr/io.h>                          // IO 제어 위한 해더

#define LED_PORT       PORTA

#define ON             1
#define OFF            0
#define ALL            0xff

void led(unsigned char led_no, unsigned char val)
{
        switch(led_no)
        {
        case 0:
        case 1:
        case 2:
        case 3:
        case 4:
        case 5:
        case 6:
        case 7:
                if (val == ON) {
                        LED_PORT &= ~(1<<led_no);
                } else if (val == OFF) {
                        LED_PORT |= (1<<led_no);
                }
                break;
        case ALL:
                if (val == ON) {
                        LED_PORT = 0;
                } else if (val == OFF) {
                        LED_PORT = 0xff;
                }
```

```
        }
}

void Port_init()
{
        DDRA   = 0xff;          // LED 포트를 출력으로 설정
        PORTA  = 0xff;          // 포트에 High 신호 출력 LED OFF
}

int main(void)
{
        Port_init();

        led(0, ON);
        return 0;
}
```

프로그램 응용 - 1

- led 함수를 사용하여 0번 LED를 끄는 프로그램을 작성하여 봅니다. 주의할 점은 ALL, ON, OFF 등은 반드시 대문자로 적어야 합니다.

- led 함수를 사용하여 원하는 번호의 LED를 켜거나 끄는 프로그램을 작성하여 봅니다. 주의할 점은 ALL, ON, OFF 등은 반드시 대문자로 적어야 합니다.

2.2.2 시간 지연 함수를 사용한 LED 깜박임

LED를 계속 깜박이기 위해서는 LED를 켜는 동작과 끄는 동작을 무한으로 반복하여야 합니다. 또한, 동작 중간마다 약간의 시간 지연이 필요합니다.
무한이 반복하는 프로그램의 작성은 C 언어에서 아래와 같이 사용합니다.

```
for (;;)
{
    // 무한이 반복하고자 하는 프로그램을 작성
}
```

시간 지연을 하는 함수는 delay 함수입니다. 로봇에서 제공하는 delay 함수는 3가지가 있으며, 시간 단위에 따라 나뉩니다.

① **delay_us (지연시간)** : 지연시간만큼 시간 지연합니다. 단위는 마이크로초(us)입니다. 마이크로초(10^{-6}초)는 매우 작은 단위이므로, 많이 사용되지는 않습니다. 지연시간에는 0부터 65535 까지 사용할 수 있습니다.

② **delay_ms (지연시간)** : 밀리초(ms) 단위로 지연시간만큼 시간 지연합니다. 밀리초는 10^{-3}초를 의미합니다. 즉, 100ms 는 0.1초이고, 500ms는 0.5초입니다. 지연시간에는 0부터 65535 까지 사용할 수 있습니다.

③ **delay_s (지연시간)** : 초(ms) 단위로 지연시간만큼 시간 지연합니다. 지연시간에는 0부터 65535 까지 사용할 수 있습니다.

시간단위는

1 초(s) = 1,000 밀리초(ms) = 1,000,000 마이크로초(us)

입니다.

아래 예제 ex02.c 는 1번 LED를 1초 간격으로 켜고, 끄는 것을 반복하는 프로그램입니다.

ex02.c 예제 프로그램

```
#include "wildcat.h"

int main(void)
{
    wildcat_start();

    for(;;)
    {
        led(1, ON);
        delay_s(1);
        led(1, OFF);
        delay_s(1);
    }
    return 0;
}
```

ex02-1.c 예제 프로그램

```
#include <avr/io.h>                         // IO 제어 위한 해더
#include <util/delay.h>                     // delay 제어 위한 해더

#define LED_PORT        PORTA

#define ON              1
#define OFF             0
#define ALL             0xff

void led(unsigned char led_no, unsigned char val)
{
        switch(led_no)
        {
        case 0:
```

```
        case 1:
        case 2:
        case 3:
        case 4:
        case 5:
        case 6:
        case 7:
                if (val == ON) {
                        LED_PORT &= ~(1<<led_no);
                } else if (val == OFF) {
                        LED_PORT |= (1<<led_no);
                }
                break;
        case ALL:
                if (val == ON) {
                        LED_PORT = 0;
                } else if (val == OFF) {
                        LED_PORT = 0xff;
                }
        }
}

void Port_init()
{
        DDRA  = 0xff;           // LED 포트를 출력으로 설정
        PORTA = 0xff;           // 포트에 High 신호 출력 LED OFF
}

int main(void)
{
        Port_init();

        for(;;)
        {
```

```
                led(1, ON);
                _delay_ms(1);
                led(1, OFF);
                _delay_ms(1);
        }
        return 0;
}
```

프로그램 응용 - 2

위 ex02.c 프로그램을 수정하여 1번 LED를 빠르게 깜박이는 프로그램으로 바꾸어 봅시다.

예) delay_ms(200); 을 이용하여 0.2 초 마다 빠르게 동작합니다.

로봇의 8개 LED를 모두 깜박이는 프로그램을 ex03.c 에 보이고 있습니다.

ex03.c 예제 프로그램

```
#include "wildcat.h"

int main(void)
{
    wildcat_start();

    for(;;)
    {
        led(ALL, ON);
        delay_ms(200);
        led(ALL, OFF);
        delay_ms(200);
    }
    return 0;
}
```

ex03-1.c 예제 프로그램

예제 프로그램 ex01-1.c 와 ex02-1.c를 참조하여 ex03-1.c를 작성해 봅시다.

2.2.3 다양한 LED 제어 함수

8개 LED를 각기 제어하려면, 각 LED의 ON/OFF 에 해당하는 숫자를 LED에 출력합니다.

함수 및 설명

leds 함수 : 로봇의 8개 LED를 원하는 모양으로 켜고 끄는 함수입니다.

함수 사용법

leds(LED모양을 나타내는 숫자);

– 숫자는 이진수(0과 1로 이루어진 디지털 수)로 표현하면, 원하는 모양으로 쉽게 LED 제어가 가능합니다.

아래와 같이 8개 LED를 표현해 주고 싶을 때, LED 켜는 동작을 (ON) -> '1'로, LED 끄는 동작을 (OFF) -> '0' 으로 하여 이진수 표현을 합니다.

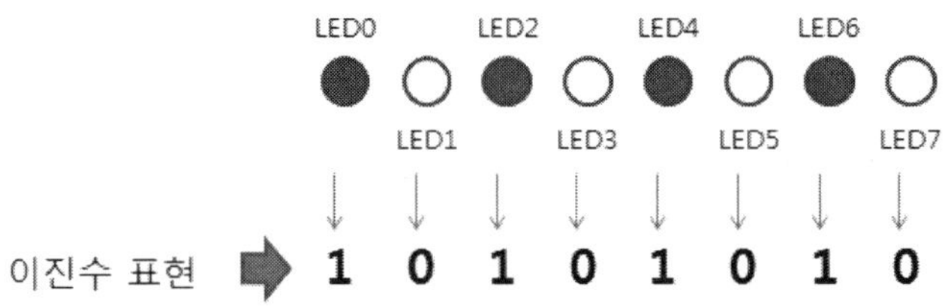

표현된 이진수를 leds 함수를 사용하여 LED에 출력합니다.

```
leds(0b10101010);
```

여기에서 '0b'는 다음의 수가 이진수임을 나타냅니다.

ex04.c 예제 프로그램

```
#include "wildcat.h"

int main(void)
{
    wildcat_start();

    for(;;)
    {
        leds(0b10101010);
        delay_ms(300);
        leds(0b01010101);
        delay_ms(300);
    }
    return 0;
}
```

ex04-1.c 예제 프로그램

```
#include <avr/io.h>              // IO 제어 위한 해더
#include <util/delay.h>          // delay 제어 위한 해더

// delay위한 시스템 클럭 설정
#define SYS_CLK 16000000L

#define LED_PORT      PORTA

#define ON            1
#define OFF           0
#define ALL           0xff

void Port_init()
```

```
{
        DDRA   = 0xff;          // LED 포트를 출력으로 설정
        PORTA  = 0xff;          // 포트에 High 신호 출력 LED OFF
}

void leds(unsigned char data)
{
        LED_PORT = data;
}

int main(void)
{
        Port_init();

        for(;;)
        {
                leds(0b10101010);
                _delay_ms(300);
                leds(0b01010101);
                _delay_ms(300);
        }
        return 0;
}
```

프로그램 응용 - 3

아래 그림과 같이 8개 LED가 동작하도록 프로그램을 작성해 봅시다.

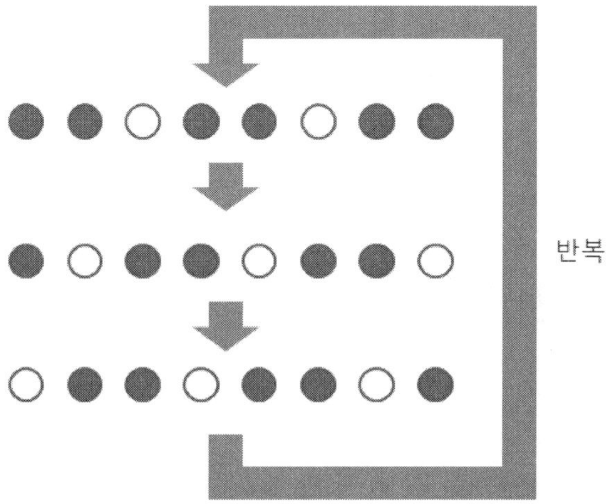

2.2.4 반복문을 이용한 LED 이동

8개의 LED 중 가장 오른쪽의 LED만 켜고, 이를 왼쪽으로 하나씩 이동하는 프로그램을 반복(for)과 비트 이동을 이용해서 프로그램 해보도록 하겠습니다.

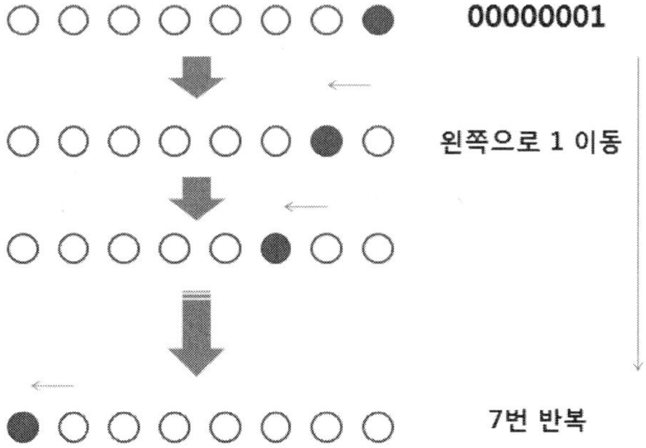

반복문(for)을 사용하여 LED를 왼쪽으로 이동(<<) 하는 프로그램을 작성하면 아래와 같습니다.

ex05.c 예제 프로그램

```
#include "wildcat.h"

int main(void)
{
    u08 i, j;

    wildcat_start();
    i = 1;
    leds(i);
    delay_ms(500);
    for(j=0; j<7; j++)
    {
        i = i << 1;
        leds(i);
        delay_ms(500);
    }
    return 0;
}
```

ex05-1.c 예제 프로그램

예제 프로그램 ex04-1.c 을 참조하여 ex05-1.c를 작성해 봅시다.

LED 이동을 이용하여 좌/우로 계속 LED가 이동하는 프로그램을 작성하여 봅시다. 본 프로그램(ex06.c)으로 반복(for)에 대한 연습과 비트 이동에 대해 연습해 보도록 합니다.

ex06.c 예제 프로그램

```
#include "wildcat.h"

int main(void)
{
    u08 i, j;

    wildcat_start();
    i = 1;
    leds(i);
    delay_ms(200);

    for(;;)
    {
        for(j=0; j<7; j++)
        {
            i = i << 1;
            leds(i);
            delay_ms(200);
        }
        for(j=0; j<7; j++)
        {
            i = i >> 1;
            leds(i);
            delay_ms(200);
        }
    }
    return 0;
}
```

ex06-1.c 예제 프로그램

예제 프로그램 ex04-1.c 을 참조하여 ex06-1.c를 작성해 봅시다.

프로그램 응용 - 4

8개 LED를 자신이 원하는 모양으로 동작하도록 다양하게 프로그램하여 봅시다.

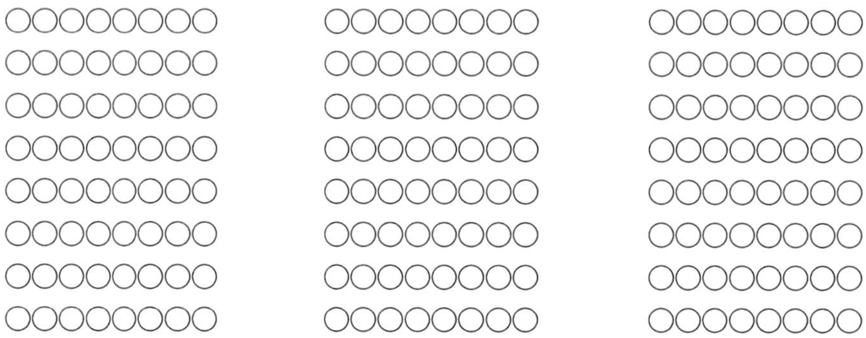

제 3 장 FND를 이용한 디지털 출력

3.1 FND 란

FND는 발광다이오드인 LED를 숫자로 표시하기 위해 아래 그림과 같이 8자 모양으로 배열한 소자입니다. 각 해당되는 위치의 LED를 어떻게 켜느냐에 따라 보이는 숫자의 모양이 달라집니다. 7-segment라고도 하며 7-segment는 FND의 한 종류입니다. 7-segment는 어떤 단자를 공통으로 연결하는가에 따라 공통 애노드(common-anode)형과 공통 캐소드(common-cathode)형이 있습니다.

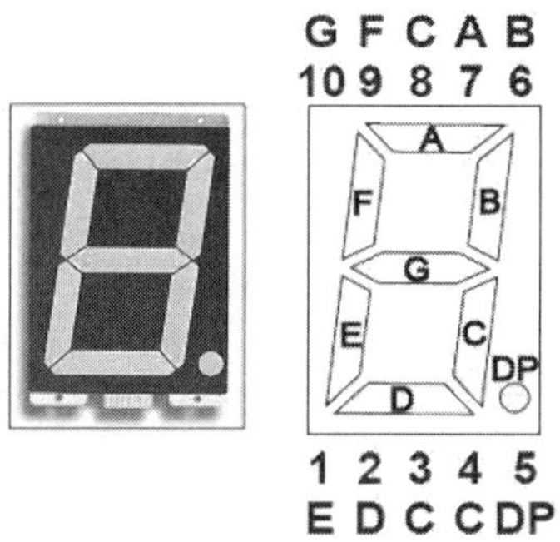

< 7-segment의 외관과 핀배치 >

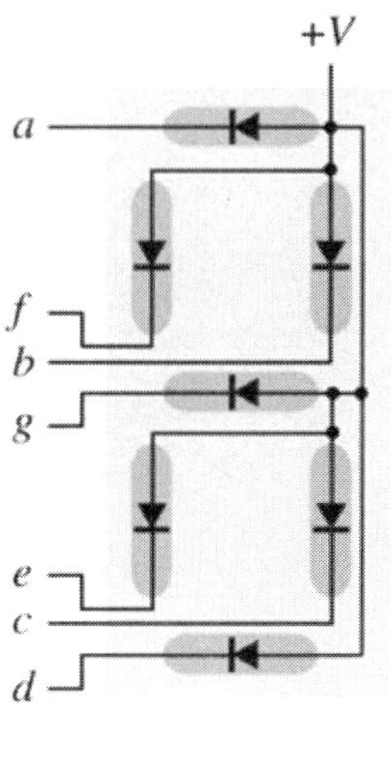

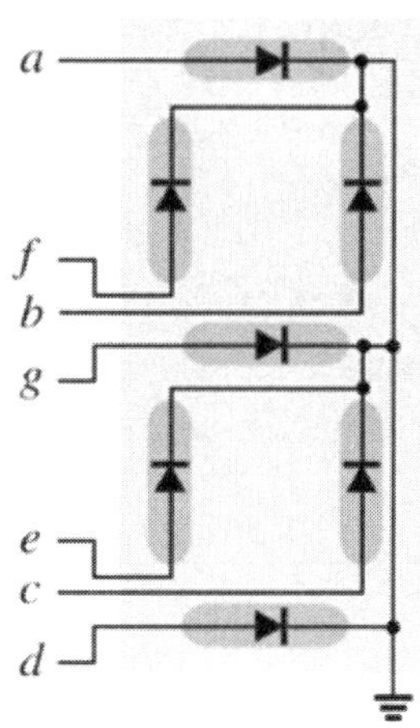

< 공통 애노드(common-anode)형 > < 공통 캐소드(common-cathode)형 >

3.2 FND 관련 함수 설명

로봇의 FND를 동작시키기 위한 C 언어 함수를 설명하도록 하겠습니다.

3.2.1 FND에 숫자를 출력하는 함수

함수 및 설명

fnd 함수 : 로봇의 FND에 숫자를 출력하는 함수입니다.

함수 사용법

fnd(숫자, 점 표시);

- 숫자는 FND 에 표시할 수입니다. 0-9까지 사용가능합니다.
- 점(dot) 표시는 FND의 오른쪽 점을 켤 것인지를 결정합니다. ON 또는 OFF를 사용합니다.

아래 프로그램 ex07.c 는 FND에 숫자 0을 표시하고, 오른쪽 점(dot)를 켜는 프로그램입니다.

ex07.c 예제 프로그램

```
#include "wildcat.h"

int main(void)
{
    wildcat_start();
    fnd(0, ON);
    return 0;
}
```

ex07-1.c 예제 프로그램

```
#include <avr/io.h>            // IO 제어 위한 해더
#include <util/delay.h>        // delay 제어 위한 해더
```

```
// delay위한 시스템 클럭 설정
#define SYS_CLK 16000000L

#define FND_PORT      PORTC

#define ON            1
#define OFF           0
#define ALL           0xff


void fnd(unsigned char n, unsigned char dot)
{
  unsigned char fnd[10] = {0xc0,0xf9,0xa4,0xb0,0x99,0x92,0x82,0xf8,0x80,0x90};

        if (n>=0 && n<=9) {
                FND_PORT = fnd[n];
                if (dot == ON){
                        FND_PORT &= ~(1<<7)
                }else if (dot == OFF) {
                        FND_PORT |= (1<<7)
                }
        }
}



void Port_init()
{

        DDRC  = 0xff;                   // Segment 포트를 출력으로 설정
        PORTC = 0xff;                   // 포트에 High 신호 출력LED OFF
}
```

```
int main(void)
{
        Port_init();

        fnd(0, ON);

        return 0;
}
```

1초 마다 숫자를 0부터 9까지 하나씩 증가하면서 표시하는 프로그램을 작성하여 보도록 하겠습니다.

ex08.c 예제 프로그램

```
#include "wildcat.h"

int main(void)
{
    u08 i;
    wildcat_start();
    for(i=0; i<10; i++)
    {
        fnd(i, OFF);
        delay_s(1);
    }
    return 0;
}
```

ex08-1.c 예제 프로그램

예제 프로그램 ex07-1.c 을 참조하여 ex08-1.c를 작성해 봅시다.

3.2.2 FND에 다양한 모양을 출력하는 함수

함수 및 설명

fnds 함수 : 로봇의 FND에 여러 모양을 출력하는 함수입니다.

함수 사용법

fnds(표시하려는 모양의 숫자);

- 표시하려는 모양의 숫자는 FND 에 표시할 모양을 숫자로 표현한 것입니다. 숫자는 0-255까지 사용이 가능합니다.

아래 그림은 FND에 알파벳 A를 표시하기 위해 FND의 해당 LED를 어떻게 켜고 꺼야 하는지를 보이고 있습니다.

알파벳 A 표시

위의 FND에 표시할 모양의 해당 LED 값(켜야 하는 LED는 A, B, C, E, F, G)을 아래 표와 같이 작성합니다.

FND 출력 값							
DP	G	F	E	D	C	B	A
0	1	1	1	0	1	1	1

위에서 작성한 FND 값에 대해 fnds 함수를 사용합니다.

```
fnds(0b01110111);
```

ex09.c 예제 프로그램

```
#include "wildcat.h"

int main(void)
{
     wildcat_start();
     fnds(0b01110111);
     return 0;
}
```

ex09-1.c 예제 프로그램

```
#include <avr/io.h>                // IO 제어 위한 해더
#include <util/delay.h>            // delay 제어 위한 해더

// delay위한 시스템 클럭 설정
#define SYS_CLK 16000000L

#define FND_PORT          PORTC

#define ON             1
#define OFF            0
#define ALL            0xff

void fnds(unsigned char n)
{
        FND_PORT = ~n;
}
void Port_init()
{
        DDRC  = 0xff;              // Segment 포트를 출력으로 설정
        PORTC = 0xff;              // 포트에 High 신호 출력LED OFF
}
```

```
int main(void)
{
        Port_init();
        fnds(0b01110111);
        return 0;
}
```

프로그램 응용 - 5

FND에 알파벳 "A"와 같이 표를 이용하여 "B", "C", "D", "E", "F"를 출력하는 프로그램을 작성해 봅시다. 단, 숫자(0-9)와 모양이 혼동되지 않도록 하여야 합니다.

예) 숫자 "8" 과 알파벳 "B" 의 모양이 같지 않게 알파벳은 "b" 로 표현

제 4 장 스위치를 이용한 디지털 입력

4.1 스위치 란

스위치는 많은 종류가 있습니다. 로봇에는 4개의 스위치가 있는데, 이를 택 스위치 (Tack Switch)라고 합니다. 우리말로는 "누름 스위치" 입니다. 택 스위치는 사람이 손으로 누를 때 이를 감지하여 프로그램으로 처리합니다. 하지만, 스위치를 언제 누를지 알 수 없기 때문에 항상 확인하고 있어야 합니다.

4.2 스위치 입력 관련 함수

스위치의 현재 상태 (눌렸는지, 아닌지)를 계속 확인하는 함수는 다음과 같습니다.

4.2.1 스위치 입력 함수

함수 및 설명

sw 함수 : 로봇의 스위치를 입력받는 함수입니다.

함수 사용법

a = sw( );

- 로봇의 4개 스위치의 상태를 읽어 와서, a 변수에 저장합니다. a 변수는 8비트형 (u08)으로 선언합니다.

아래 예제 ex10.c 에서는 스위치 0번 (SW0)이 눌리면 로봇의 8개 LED를 켜고, 눌려있지 않으면 끄는 프로그램 예제입니다.

ex10.c 예제 프로그램

```
#include "wildcat.h"

int main(void)
{
    u08 a;
    wildcat_start();

    for(;;)
    {
        a = sw();
        if (a == SW0)
        {
            led(ALL, ON);
        } else {
            led(ALL, OFF);
        }
    }
    return 0;
}
```

위 예제에서는 해당되는 스위치(SW0)가 눌렸는지 조사하기 위한 조건문(if)이 사용되었습니다.

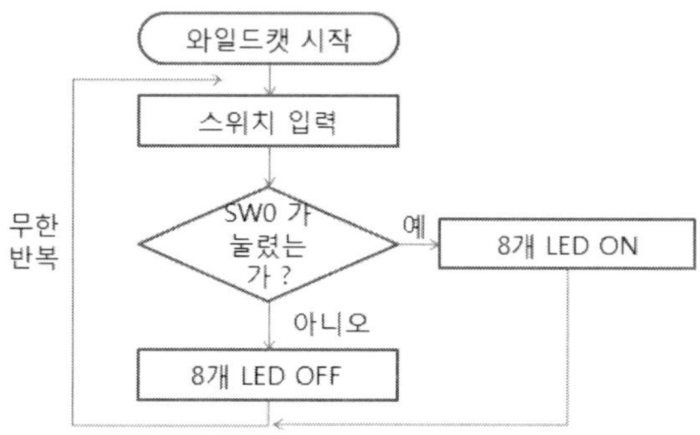

ex10-1.c 예제 프로그램

```
#include <avr/io.h>                // IO 제어 위한 해더
#include <util/delay.h>            // delay 제어 위한 해더

// delay위한 시스템 클럭 설정
#define SYS_CLK 16000000L

#define LED_PORT        PORTA
#define SW_PORT             PINB

#define ON              1
#define OFF             0
#define ALL             0xff

#define SW0 0x01
#define SW1 0x02
#define SW2 0x04
#define SW3 0x08


void led(unsigned char led_no, unsigned char val)
{
  switch(led_no)
  {
    case 0:
    case 1:
    case 2:
    case 3:
    case 4:
    case 5:
    case 6:
    case 7:
      if (val == ON) {
```

```
        LED_PORT &= ~(1<<led_no);
      } else if (val == OFF) {
        LED_PORT |= (1<<led_no);
      }
      break;
    case ALL:
      if (val == ON) {
        LED_PORT = 0;
      } else if (val == OFF) {
        LED_PORT = 0xff;
      }
  }
}

void Port_init()
{
        DDRA   = 0xff;            // LED 포트를 출력으로 설정
        PORTA  = 0xff;            // 포트에 High 신호 출력 LED OFF



        DDRB   = 0xf0;   // 스위치 포트를 입력으로 설정//4~7 - Motor
}

unsigned char sw(void)
{
        unsigned char key;

        key = SW_PORT;
        key = ~(key | 0xf0);
        return key;
}


int main(void)
```

```
{
	unsigned char a;

	Port_init();

	for(;;)
	{
		a = sw();
		if (a == SW0)
		{
			led(ALL, ON);
		} else {
			led(ALL, OFF);
		}
	}
	return 0;
}
```

4.2.2 선택문(switch)을 사용한 각 스위치 기능

로봇의 4개 스위치(SW0-SW3)을 이용해서 각 스위치에 해당하는 기능을 독립적으로 수행하기 위해서는 선택문을 사용합니다.
스위치에 대한 선택문의 사용은 아래와 같습니다.

```
switch(sw( ))
{
    case SW0:
        // SW0이 눌렸을 때 수행하는 부분
        break;
    case SW1:
        // SW1이 눌렸을 때 수행하는 부분
        break;
    case SW2:
        // SW2이 눌렸을 때 수행하는 부분
        break;
    case SW3:
        // SW3이 눌렸을 때 수행하는 부분
        break;
    default:
        // 그 외 경우에 수행하는 부분
}
```

ex11.c 로 각 스위치에 아래와 같이 수행하도록 프로그램을 작성해 보겠습니다.

· SW0 - FND에 '0' 을 출력합니다.
· SW1 - FND에 '1' 을 출력합니다.
· SW2 - FND에 '2' 를 출력합니다.
· SW3 - FND에 '3' 을 출력합니다.
· 그 외 - FND에 아무것도 표시하지 않습니다.

ex11.c 예제 프로그램

```
#include "wildcat.h"

int main(void)
{
    wildcat_start();

    for(;;)
    {
        switch(sw())
        {
            case SW0:
                fnd(0, OFF);
                break;
            case SW1:
                fnd(1, OFF);
                break;
            case SW2:
                fnd(2, OFF);
                break;
            case SW3:
                fnd(3, OFF);
                break;
            default:
                fnd_off();
        }
    }
    return 0;
}
```

ex11-1.c 예제 프로그램

```
#include <avr/io.h>                    // IO 제어 위한 해더
#include <util/delay.h>                // delay 제어 위한 해더

// delay위한 시스템 클럭 설정
#define SYS_CLK 16000000L

#define LED_PORT        PORTA
#define SW_PORT         PINB
#define FND_PORT        PORTC

#define ON      1
#define OFF     0
#define ALL     0xff

#define SW0     0x01
#define SW1     0x02
#define SW2     0x04
#define SW3     0x08


void led(unsigned char led_no, unsigned char val)
{
  switch(led_no)
  {
    case 0:
    case 1:
    case 2:
    case 3:
    case 4:
    case 5:
    case 6:
    case 7:
```

```
        if (val == ON) {
          LED_PORT &= ~(1<<led_no);
        } else if (val == OFF) {
          LED_PORT |= (1<<led_no);
        }
        break;
      case ALL:
        if (val == ON) {
          LED_PORT = 0;
        } else if (val == OFF) {
          LED_PORT = 0xff;
        }
  }
}

void fnd(unsigned char n, unsigned char dot)
{
  unsigned char fnd[10] = {0xc0,0xf9,0xa4,0xb0,0x99,0x92,0x82,0xf8,0x80,0x90};

        if (n>=0 && n<=9) {
                FND_PORT = fnd[n];
                if (dot == ON){
                        FND_PORT &= ~(1<<7);
                }else if (dot == OFF) {
                        FND_PORT |= (1<<7);
                }
        }
}

void fnds(unsigned char n)
{
        FND_PORT = ~n;
}
```

```
void fnd_off(void)
{
        fnds(0);
}


void Port_init()
{
        DDRA  = 0xff;           // LED 포트를 출력으로 설정
        PORTA = 0xff;           // 포트에 High 신호 출력 LED OFF

        DDRB  = 0xf0;  // 스위치 포트를 입력으로 설정 //4~7 - Motor

        DDRC  = 0xff;                  // Segment 포트를 출력으로 설정
        PORTC = 0xff;                  // 포트에 High 신호 출력LED OFF

}

unsigned char sw(void)
{
        unsigned char key;

        key = SW_PORT;
        key = ~(key | 0xf0);
        return key;
}

int main(void)
{
        Port_init();

        for(;;)
        {
                switch(sw())
```

```
            {
                    case SW0:
                            fnd(0, OFF);
                            break;
                    case SW1:
                            fnd(1, OFF);
                            break;
                    case SW2:
                            fnd(2, OFF);
                            break;
                    case SW3:
                            fnd(3, OFF);
                            break;
                    default:
                            fnd_off();
            }
        }
        return 0;
}
```

프로그램 응용 - 6

SW0스위치가 눌리면 LED 1개, SW1은 LED 2개, ..., SW3은 LED 4개를 켜는 프로그램을 작성해 봅시다.

제 5 장 부저와 LCD 출력

5.1 부저

부저(Buzzer)는 "삑~" 과 같은 경고음 소리를 내는 소자입니다. 부저는 한가지 소리만 나오고, 이 소리를 얼마나 길게 내느냐를 프로그램으로 제어합니다.

5.1.1 부저 함수를 이용한 부저 울리기

함수 및 설명

buzzer 함수 : 로봇의 부저를 일정 시간 울립니다.

함수 사용법

buzzer(울리는 시간);

- 울리는 시간은 밀리초(ms) 단위입니다. 시간의 설정은 0-65,535 까지 가능합니다.

아래 ex12.c 예제는 SW1 이 눌리면 한번 부저를 울리는 프로그램 예제입니다.

ex12.c 예제 프로그램

```
#include "wildcat.h"

int main(void)
{
     u08 a;
     wildcat_start();

     for(;;)
     {
          a = sw();
          if (a == SW1)
```

```
            {
                buzzer(200);
            }
        }
        return 0;
}
```

ex12-1.c 예제 프로그램

```
#include <avr/io.h>                 // IO 제어 위한 해더
#include <util/delay.h>             // delay 제어 위한 해더

// delay위한 시스템 클럭 설정
#define SYS_CLK 16000000L

#define BZ_PORT              PORTE
#define SW_PORT              PINB
#define BZ_PIN                  3

#define SW0 0x01
#define SW1 0x02
#define SW2 0x04
#define SW3 0x08


void buzzer_on(void){
        BZ_PORT &= ~(1<<3);
}
void buzzer_off(void){
        BZ_PORT |= (1<<3);
}
void buzzer(unsigned int delay)
{
```

```
        buzzer_on();
        _delay_ms(delay);
        buzzer_off();
}

void Port_init()
{
        DDRE   = (1<<BZ_PIN));          // 부저 포트를 출력으로 설정
        PORTE  = (1<<BZ_PIN));          // 포트에 High 신호 출력

        DDRB   = 0xf0;  // 스위치 포트를 입력으로 설정 //4~7 - Motor
}

unsigned char sw(void)
{
        unsigned char key;

        key = SW_PORT;
        key = ~(key | 0xf0);
        return key;
}

int main(void)
{
        unsigned char a;

        Port_init();

        for(;;)
        {
                a = sw();
                if (a == SW1)
                {
                        buzzer(200);
```

```
                }
        }
        return 0;
}
```

5.1.2 스위치 입력을 대기하고, 스위치가 눌리면 해당 부저를 여러 번 울리는 프로그램

함수 및 설명

sw_wait 함수 : sw 함수와는 달리 스위치가 눌렸다가, 떨어지는 순간 스위치 입력을 처리합니다.

함수 사용법

a = sw_wait( );

- 스위치를 누른 상태에서, 다시 손을 떼게 되면 a 변수에 눌린 스위치 값을 저장합니다.

ex13.c 예제 프로그램

```
#include "wildcat.h"

int main(void)
{
    u08 a;
    wildcat_start();

    for(;;)
    {
        a = sw_wait();
        if (a == SW1)
        {
```

```
			buzzer_on();
			delay_ms(300);
			buzzer_off();
		}
	}
	return 0;
}
```

ex12.c 와 ex13.c 는 스위치 입력에 대해 다르게 동작합니다.

ex13-1.c 예제 프로그램

```
#include <avr/io.h>                // IO 제어 위한 해더
#include <util/delay.h>            // delay 제어 위한 해더

// delay위한 시스템 클럭 설정
#define SYS_CLK 16000000L

#define BZ_PORT         PORTE
#define SW_PORT         PINB
#define BZ_PIN              3

#define SW0     0x01
#define SW1     0x02
#define SW2     0x04
#define SW3     0x08

void buzzer_on(void){
	BZ_PORT &= ~(1<<3);
}
void buzzer_off(void){
	BZ_PORT |= (1<<3);
}
void buzzer(u16 delay)
```

```
{
	buzzer_on();
	_delay_ms(delay);
	buzzer_off();
}

void Port_init()
{
	DDRE  = (1<<BZ_PIN));		// 부저 포트를 출력으로 설정
	PORTE = (1<<BZ_PIN));		// 포트에 High 신호 출력

	DDRB  = 0xf0;	// 스위치 포트를 입력으로 설정//4~7 - Motor
}

unsigned char sw(void)
{
	unsigned char key;

	key = SW_PORT;
	key = ~(key | 0xf0);
	return key;
}

u08 sw_wait(void)
{
	unsigned char key, key1;

	// 스위치 눌릴 때까지 대기
	while(1){
		key = SW_PORT;
		key = ~(key | 0xf0);
		if (key > 0) break;
	}
```

```
        _delay_ms(10);

        // 해당 스위치가 놓일 때까지 대기
        while(1){
                key1 = SW_PORT;
                key1 = ~(key1 | 0xf0);
                if (key1 != key) break;
        }

        return key;
}


int main(void)
{
        unsigned char a;

        Port_init();

        for(;;)
        {
                a = sw_wait();
                if (a == SW1)
                {
                        buzzer_on();
                        _delay_ms(300);
                        buzzer_off();
                }
        }
        return 0;
}
```

5.2 LCD모듈

LCD 모듈은 "액정 디스플레이" 라고 하며, 다양한 문자를 표시할 수 있습니다. 로봇에 사용된 LCD 모듈은 가로 8자, 세로 2줄에 문자를 표시할 수 있어, "8x2 라인 문자 LCD 모듈" 이라고 불립니다.

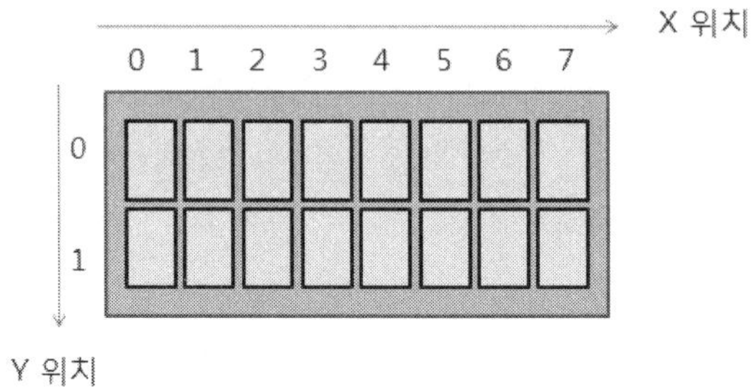

< 8x2 라인 문자 LCD 모듈 형태 >

5.2.1 LCD 관련 함수

① LCD 모듈에 문자열을 출력하는 함수

함수 및 설명

printf 함수 : 로봇의 LCD 모듈에 숫자 또는 문자를 출력합니다.

함수 사용법

printf("문자열");

- LCD 모듈의 현재 위치에 "문자열" 을 출력합니다. 만약 출력하는 문자열이 x 위치를 벗어나면 LCD 모듈에 표시되지 않습니다.

ex14.c 예제 프로그램

```
#include "wildcat.h"

int main(void)
```

```
{
    wildcat_start();
    printf("WILDCAT");
    return 0;
}
```

ex14-1.c 예제 프로그램

```
#include <avr/io.h>              // IO 제어 위한 해더
#include <util/delay.h>          // delay 제어 위한 해더

// delay위한 시스템 클럭 설정
#define SYS_CLK 16000000L


#define LCD_DATA_PORT   PORTD
#define LCD_CTL_PORT    PORTE


#define LCD_RS             4
#define LCD_RW             5
#define LCD_EN             6
#define LCD_DR             LCD_CTL_PORT |= (1<<LCD_RS)
#define LCD_IR             LCD_CTL_PORT &= ~(1<<LCD_RS)
#define LCD_READ           LCD_CTL_PORT |= (1<<LCD_RW)
#define LCD_WRITE          LCD_CTL_PORT &= ~(1<<LCD_RW)
#define LCD_ENABLE         LCD_CTL_PORT |= (1<<LCD_EN)
#define LCD_DISABLE        LCD_CTL_PORT &= ~(1<<LCD_EN)
#define LCD_DATA(d)        LCD_DATA_PORT = d;

#define LCD_CMD_CLEAR        1
#define LCD_CMD_HOME         2

#define LCD_DISPLAY_ON       4
```

```
#define LCD_DISPLAY_OFF        0
#define LCD_CURSOR_ON          2
#define LCD_CURSOR_OFF         0
#define LCD_BLINK_ON           1
#define LCD_BLINK_OFF          0

void write_IR(unsigned char IR_command)
{
        LCD_IR;
        LCD_WRITE;
        LCD_ENABLE;
        LCD_DATA(IR_command);
        _delay_us(100);
        LCD_DISABLE;
}

// LCD에 문자 표시 위치 결정 (x, y)
void lcd_xy(unsigned char x, unsigned char y)
{
        unsigned char p;

        if(y>1) y=1;
        if(x>15) x=15;
        p = y ? x+0xc0 : x+0x80;
        write_IR(p);
}

// LCD의 커서 위치를 홈(맨 처음)으로 이동
void lcd_cursor_home(void)
{
        write_IR(LCD_CMD_HOME);
        _delay_ms(2);
}
```

```
// LCD의 글자를 모두 삭제
void lcd_clear(void)
{
        write_IR(LCD_CMD_CLEAR);
        _delay_ms(2);
}

// LCD 표시 커서를 설정
void lcd_cursor(unsigned char display, unsigned char cursor, unsigned char
blink)
{
        unsigned char c;

        c = 8 + display + cursor + blink;
        write_IR(c);
        _delay_ms(2);
}

// LCD에 한 문자를 표시
int lcd_putchar(char c)
{
        LCD_DR;
        LCD_WRITE;
        LCD_ENABLE;
        LCD_DATA(c);
        _delay_us(100);
        LCD_DISABLE;
        return 0;
}

// LCD에 문자열을 표시
void lcd_print(char *s)
{
        while(*s) lcd_putchar(*s++);
```

```
}

// LCD 모듈 초기화
void lcd_init(void)
{


	_delay_ms(15);
	write_IR(0x38);
	_delay_ms(5);
	write_IR(0x38);
	_delay_ms(5);
	write_IR(0x38);
	_delay_ms(5);

	write_IR(0x0e);
	_delay_ms(2);
	lcd_cursor_home();
	lcd_clear();



	lcd_cursor(LCD_DISPLAY_ON,LCD_CURSOR_OFF,LCD_BLINK_OFF);
	//lcd 표시 ON, 커서 ON, 깜박임 ON
	fdevopen((void *)lcd_putchar, 0);

}
void Port_init()
{

	DDRD   = 0xff;                          // LCD DataBus 초기화
	DDRE   = 0xf0;                          // LCD ControlBus 초기화



	DDRE   |= (1<<BZ_PIN));                 // 부저 포트를 출력으로 설정
	PORTE  |= (1<<BZ_PIN));                 // 포트에 High 신호 출력
```

```
}

int main(void)
{
        Port_init();

        /* LCD 모듈 초기화 */
        lcd_init();

        printf("HELLO!");


        return 0;
}
```

프로그램 응용 - 7

LCD 모듈에 자신의 이름 이니셜을 출력해 봅시다.

예) 홍길동 -> "Hong G L"

② printf 함수를 이용한 숫자 출력

printf 함수를 이용하여 숫자를 출력할 수 있습니다. 숫자를 출력할 때는 일정한 형식을 맞추어 문자열로 바꾼 다음 출력해 주어야 합니다.

숫자 100을 5자리로 표현할 때는

```
printf("%5d", 100);
```

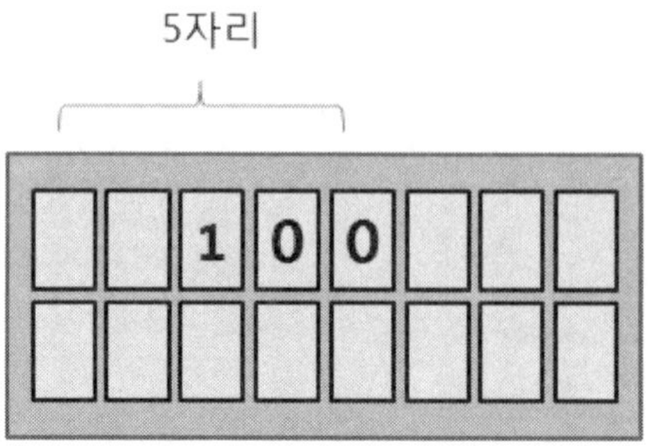

아래 ex15.c 예제는 i 변수를 0부터 100까지 반복해서 LCD 모듈에 숫자를 출력하는 프로그램입니다.

ex15.c 예제 프로그램

```
#include "wildcat.h"

int main(void)
{
    u08 i;
    wildcat_start();
    for (i=0; i<=100, i++)
    {
        lcd_xy(0,0);
        printf("%5d",i);
        delay_ms(200);
    }
    return 0;
}
```

ex15-1.c 예제 프로그램

```
#include <avr/io.h>              // IO 제어 위한 해더
#include <util/delay.h>          // delay 제어 위한 해더

// delay위한 시스템 클럭 설정
```

```
#define SYS_CLK 16000000L

#define LCD_DATA_PORT    PORTD
#define LCD_CTL_PORT     PORTE

#define LCD_RS              4
#define LCD_RW              5
#define LCD_EN              6
#define LCD_DR              LCD_CTL_PORT |= (1<<LCD_RS)
#define LCD_IR              LCD_CTL_PORT &= ~(1<<LCD_RS)
#define LCD_READ            LCD_CTL_PORT |= (1<<LCD_RW)
#define LCD_WRITE           LCD_CTL_PORT &= ~(1<<LCD_RW)
#define LCD_ENABLE          LCD_CTL_PORT |= (1<<LCD_EN)
#define LCD_DISABLE         LCD_CTL_PORT &= ~(1<<LCD_EN)
#define LCD_DATA(d)         LCD_DATA_PORT = d;

#define LCD_CMD_CLEAR         1
#define LCD_CMD_HOME          2

#define LCD_DISPLAY_ON        4
#define LCD_DISPLAY_OFF       0
#define LCD_CURSOR_ON         2
#define LCD_CURSOR_OFF        0
#define LCD_BLINK_ON          1
#define LCD_BLINK_OFF         0

void write_IR(unsigned char IR_command)
{
        LCD_IR;
        LCD_WRITE;
        LCD_ENABLE;
        LCD_DATA(IR_command);
        _delay_us(100);
        LCD_DISABLE;
```

```
}

// LCD에 문자 표시 위치 결정 (x, y)
void lcd_xy(unsigned char x, unsigned char y)
{
	unsigned char p;

	if(y>1) y=1;
	if(x>15) x=15;
	p = y ? x+0xc0 : x+0x80;
	write_IR(p);
}

// LCD의 커서 위치를 홈(맨 처음)으로 이동
void lcd_cursor_home(void)
{
	write_IR(LCD_CMD_HOME);
	_delay_ms(2);
}

// LCD의 글자를 모두 삭제
void lcd_clear(void)
{
	write_IR(LCD_CMD_CLEAR);
	_delay_ms(2);
}

// LCD 표시 커서를 설정
void lcd_cursor(unsigned char display, unsigned char cursor, unsigned char
blink)
{
	unsigned char c;

	c = 8 + display + cursor + blink;
```

```
        write_IR(c);
        _delay_ms(2);
}

// LCD에 한 문자를 표시
int lcd_putchar(char c)
{
        LCD_DR;
        LCD_WRITE;
        LCD_ENABLE;
        LCD_DATA(c);
        _delay_us(100);
        LCD_DISABLE;
        return 0;
}

// LCD에 문자열을 표시
void lcd_print(char *s)
{
        while(*s) lcd_putchar(*s++);
}

// LCD 모듈 초기화
void lcd_init(void)
{
        _delay_ms(15);
        write_IR(0x38);
        _delay_ms(5);
        write_IR(0x38);
        _delay_ms(5);
        write_IR(0x38);
        _delay_ms(5);

        write_IR(0x0e);
```

```
        _delay_ms(2);
        lcd_cursor_home();
        lcd_clear();


        lcd_cursor(LCD_DISPLAY_ON,LCD_CURSOR_OFF,LCD_BLINK_OFF);
        //lcd 표시 ON, 커서 ON, 깜박임 ON
        fdevopen((void *)lcd_putchar, 0);

}
void Port_init()
{

        DDRD   = 0xff;                          // LCD DataBus 초기화
        DDRE   = 0xf0;                          // LCD ControlBus 초기화

}

int main(void)
{
        unsigned char i;

        Port_init();
        lcd_init();

        for (i=0; i<=100; i++)
        {
                lcd_xy(0,0);
                printf("%5d",i);
                _delay_ms(200);
        }
        return 0;
}
```

③ LCD 모듈의 현재 위치를 지정하는 함수

함수 및 설명

lcd_xy 함수 : 로봇의 LCD 모듈에 문자를 출력할 위치를 지정합니다.

함수 사용법

lcd_xy(x위치, y위치);

- LCD 모듈의 위치는 x와 y 위치를 말하며, 앞에서 그림으로 설명한 위치입니다. 만약 x, y의 위치가 LCD 모듈의 표시 범위를 벗어나면 문자열은 표시되지 않습니다.

④ LCD 모듈의 내용을 모두 삭제하는 함수

함수 및 설명

lcd_clear 함수 : 로봇의 LCD 모듈의 내용을 모두 삭제합니다.

함수 사용법

lcd_clear( );

- LCD 모듈의 내용을 모두 삭제하고, 문자 출력 위치를 맨 처음 위치(0,0) 로 이동합니다.

아래 예제 ex16.c 는 로봇의 스위치 4개 (SW0-SW3)를 누를 때 다음과 같이 동작하도록 프로그램 되어 있습니다.

- SW0 : 부저를 약 0.2초 울립니다.
- SW1 : FND에 숫자 "1" 을 약 0.5초 표시합니다.
- SW2 : LCD모듈에 "SW2" , "Press" 라고 출력합니다.
- SW3 : LCD모듈에 "SW3 OK!" 라고 출력합니다.

프로그램이 내용이 약간 복잡해 보이지만, 지금 까지 배워온 예제를 바탕으로 하였기 때문에, 내용이 어렵지는 않습니다.

ex16.c 예제 프로그램

```
#include "wildcat.h"

int main(void)
{
    u08 a;

    wildcat_start();
    printf("Wildcat");
    lcd_xy(0,1);
    printf("Ready !");

    for (;;)
    {
        a = sw_wait();
        switch(a)
        {
            case SW0:
                buzzer(200);
                break;
            case SW1:
                fnd(1, OFF);
                delay_ms(500);
                fnd_off();
                break;
            case SW2:
                lcd_clear();
                printf("SW2");
                lcd_xy(0,1);
                printf("Press");
                break;
            case SW3:
                lcd_clear();
```

```
                        printf("SW3 OK!");
                        break;
            }
        }
        return 0;
}
```

ex16-1.c 예제 프로그램

```
#include <avr/io.h>                    // IO 제어 위한 해더
#include <util/delay.h>                // delay 제어 위한 해더

// delay위한 시스템 클럭 설정
#define SYS_CLK 16000000L

#define LCD_DATA_PORT    PORTD
#define LCD_CTL_PORT     PORTE

#define LED_PORT        PORTA
#define SW_PORT          PINB
#define FND_PORT         PORTC
#define BZ_PORT         PORTE

#define ON              1
#define OFF             0
#define ALL             0xff

#define SW0             0x01
#define SW1             0x02
#define SW2             0x04
#define SW3             0x08

#define BZ_PIN          3
```

```
#define LCD_RS              4
#define LCD_RW              5
#define LCD_EN              6
#define LCD_DR              LCD_CTL_PORT |= (1<<LCD_RS)
#define LCD_IR              LCD_CTL_PORT &= ~(1<<LCD_RS)
#define LCD_READ            LCD_CTL_PORT |= (1<<LCD_RW)
#define LCD_WRITE           LCD_CTL_PORT &= ~(1<<LCD_RW)
#define LCD_ENABLE          LCD_CTL_PORT |= (1<<LCD_EN)
#define LCD_DISABLE         LCD_CTL_PORT &= ~(1<<LCD_EN)
#define LCD_DATA(d)         LCD_DATA_PORT = d;

#define LCD_CMD_CLEAR           1
#define LCD_CMD_HOME            2

#define LCD_DISPLAY_ON          4
#define LCD_DISPLAY_OFF         0
#define LCD_CURSOR_ON           2
#define LCD_CURSOR_OFF          0
#define LCD_BLINK_ON            1
#define LCD_BLINK_OFF           0

void write_IR(unsigned char IR_command)
{
        LCD_IR;
        LCD_WRITE;
        LCD_ENABLE;
        LCD_DATA(IR_command);
        _delay_us(100);
        LCD_DISABLE;
}

// LCD에 문자 표시 위치 결정 (x, y)
```

```
void lcd_xy(unsigned char x, unsigned char y)
{
	unsigned char p;

	if(y>1) y=1;
	if(x>15) x=15;
	p = y ? x+0xc0 : x+0x80;
	write_IR(p);
}

// LCD의 커서 위치를 홈(맨 처음)으로 이동
void lcd_cursor_home(void)
{
	write_IR(LCD_CMD_HOME);
	_delay_ms(2);
}

// LCD의 글자를 모두 삭제
void lcd_clear(void)
{
	write_IR(LCD_CMD_CLEAR);
	_delay_ms(2);
}

// LCD 표시 커서를 설정
void lcd_cursor(unsigned char display, unsigned char cursor, unsigned char
blink)
{
	unsigned char c;

	c = 8 + display + cursor + blink;
	write_IR(c);
	_delay_ms(2);
}
```

```
// LCD에 한 문자를 표시
int lcd_putchar(char c)
{
        LCD_DR;
        LCD_WRITE;
        LCD_ENABLE;
        LCD_DATA(c);
        _delay_us(100);
        LCD_DISABLE;
        return 0;
}

// LCD에 문자열을 표시
void lcd_print(char *s)
{
        while(*s) lcd_putchar(*s++);
}

// LCD 모듈 초기화
void lcd_init(void)
{

        _delay_ms(15);
        write_IR(0x38);
        _delay_ms(5);
        write_IR(0x38);
        _delay_ms(5);
        write_IR(0x38);
        _delay_ms(5);

        write_IR(0x0e);
        _delay_ms(2);
        lcd_cursor_home();
```

```
        lcd_clear();


        lcd_cursor(LCD_DISPLAY_ON,LCD_CURSOR_OFF,LCD_BLINK_OFF);
        //lcd 표시 ON, 커서 ON, 깜박임 ON
        fdevopen((void *)lcd_putchar, 0);

}

void fnd(unsigned char n, unsigned char dot)
{
  unsigned char fnd[10] = {0xc0,0xf9,0xa4,0xb0,0x99,0x92,0x82,0xf8,0x80,0x90};

        if (n>=0 && n<=9) {
                FND_PORT = fnd[n];
                if (dot == ON){
                        FND_PORT &= ~(1<<7);
                }else if (dot == OFF) {
                        FND_PORT |= (1<<7);
                }
        }
}

void fnds(unsigned char n)
{
        FND_PORT = ~n;
}

void fnd_off(void)
{
        fnds(0);
}

unsigned char sw(void)
```

```
{
        unsigned char key;

        key = SW_PORT;
        key = ~(key | 0xf0);
        return key;
}

unsigned char sw_wait(void)
{
  unsigned char key, key1;

  // 스위치 눌릴 때까지 대기
  while(1){
    key = SW_PORT;
    key = ~(key | 0xf0);
    if (key > 0) break;
  }

  _delay_ms(10);

  // 해당 스위치가 놓일 때까지 대기
  while(1){
    key1 = SW_PORT;
    key1 = ~(key1 | 0xf0);
    if (key1 != key) break;
  }

  return key;
}

void buzzer_on(void){
        BZ_PORT &= ~(1<<3);
}
```

```
void buzzer_off(void){
        BZ_PORT |= (1<<3);
}
void buzzer(unsigned int delay)
{
        buzzer_on();
        _delay_ms(delay);
        buzzer_off();
}


void Port_init()
{

        DDRC  = 0xff;                    // Segment 포트를 출력으로 설정
        PORTC = 0xff;                    // 포트에 High 신호 출력LED OFF

        DDRD  = 0xff;                    // LCD DataBus 초기화
        DDRE  = 0xf0;                    // LCD ControlBus 초기화

        DDRE  |= (1<<BZ_PIN);            // 부저 포트를 출력으로 설정
        PORTE |= (1<<BZ_PIN);            // 포트에 High 신호 출력

        DDRB  = 0xf0;  // 스위치 포트를 입력으로 설정 //4~7 - Motor

}

int main(void)
{
        unsigned char a;

        Port_init();
        lcd_init();
```

```
        printf("Wildcat");
        lcd_xy(0,1);
        printf("Ready !");

        for (;;)
        {
                a = sw_wait();
                switch(a)
                {
                        case SW0:
                                buzzer(200);
                                break;
                        case SW1:
                                fnd(1, OFF);
                                _delay_ms(500);
                                fnd_off();
                                break;
                        case SW2:
                                lcd_clear();
                                printf("SW2");
                                lcd_xy(0,1);
                                printf("Press");
                                break;
                        case SW3:
                                lcd_clear();
                                printf("SW3 OK!");
                                break;
                }
        }
        return 0;
}
```

프로그램 응용 - 8

로봇이 다음과 같이 동작하도록 프로그램 해봅시다.

- 로봇의 2개 스위치를 이용합니다.
- SW2가 눌리면,
  LCD 모듈에 "LED <<" 라고 표시하고, ex06.c에서 배웠던 8개 LED 중 하나 LED가 왼쪽으로 이동하도록 합니다. 맨 왼쪽까지 이동하였으면 멈춥니다.
- SW0이 눌리면,
  LCD 모듈에 "LED >>" 라고 표시하고, ex06.c에서 배웠던 8개 LED 중 하나 LED가 오른쪽으로 이동하도록 합니다. 맨 오른쪽까지 이동하였으면 멈춥니다.
- 조금 난이도가 있습니다. 여러 가지 방법으로 스스로 문제를 풀어가도록 합니다.

5.2.2 LCD 모듈 커서 표시

LCD 모듈의 현재 위치를 "커서(Cursor)"로 표시합니다. 기본적으로 LCD 모듈에는 커서가 표시되어 있지 않아 현재 문자열의 출력 위치가 어디인지 알 수 없기 때문에 다음 함수를 사용하면, 쉽게 알 수 있습니다.

함수 및 설명

lcd_cursor 함수 : 로봇의 LCD 모듈에 커서 표시 여부를 설정합니다.

함수 사용법

lcd_cursor(LCD 표시여부, LCD 커서 표시 여부, LCD 커서 깜빡임 여부);

- LCD 표시 여부는 LCD에 글자를 출력할지 여부를 설정합니다. LCD_DISPLAY_ON 또는 LCD_DISPLAY_OFF를 사용합니다.
- LCD 커서 표시 여부는 LCD에 커서를 나타낼지 여부를 설정합니다. LCD_CURSOR_ON 또는 LCD_CURSOR_OFF를 사용합니다.
- LCD 커서 깜빡임 여부는 LCD에 표시된 커서를 깜빡일지 여부를 설정합니다.

LCD_BLINK_ON 또는 LCD_BLINK_OFF를 사용합니다.

예제 ex17.c 는 LCD 모듈에 커서를 보이고, 깜빡이면서 사용자가 누른 스위치의 번호를 LCD 모듈에 표시합니다.

ex17.c 예제 프로그램

```
#include "wildcat.h"

int main(void)
{
    u08 a;

    wildcat_start();
    lcd_cursor(LCD_DISPLAY_ON,LCD_CURSOR_ON,LCD_BLINK_ON);

    for (;;)
    {
        a = sw_wait();
        switch(a)
        {
            case SW0:
                printf("0");
                break;
            case SW1:
                printf("1");
                break;
            case SW2:
                printf("2");
                break;
            case SW3:
                printf("3");
                break;
        }
    }
```

```
    return 0;
}
```

ex17-1.c 예제 프로그램

```
#include <avr/io.h>              // IO 제어 위한 해더
#include <util/delay.h>          // delay 제어 위한 해더

// delay위한 시스템 클럭 설정
#define SYS_CLK 16000000L

#define LCD_DATA_PORT    PORTD
#define LCD_CTL_PORT     PORTE

#define SW_PORT          PINB



#define SW0 0x01
#define SW1 0x02
#define SW2 0x04
#define SW3 0x08

#define LCD_RS           4
#define LCD_RW           5
#define LCD_EN           6
#define LCD_DR           LCD_CTL_PORT |= (1<<LCD_RS)
#define LCD_IR           LCD_CTL_PORT &= ~(1<<LCD_RS)
#define LCD_READ         LCD_CTL_PORT |= (1<<LCD_RW)
#define LCD_WRITE        LCD_CTL_PORT &= ~(1<<LCD_RW)
#define LCD_ENABLE       LCD_CTL_PORT |= (1<<LCD_EN)
#define LCD_DISABLE      LCD_CTL_PORT &= ~(1<<LCD_EN)
```

```
#define LCD_DATA(d)             LCD_DATA_PORT = d;

#define LCD_CMD_CLEAR           1
#define LCD_CMD_HOME            2

#define LCD_DISPLAY_ON          4
#define LCD_DISPLAY_OFF         0
#define LCD_CURSOR_ON           2
#define LCD_CURSOR_OFF          0
#define LCD_BLINK_ON            1
#define LCD_BLINK_OFF           0

void write_IR(unsigned char IR_command)
{
        LCD_IR;
        LCD_WRITE;
        LCD_ENABLE;
        LCD_DATA(IR_command);
        _delay_us(100);
        LCD_DISABLE;
}

// LCD에 문자 표시 위치 결정 (x, y)
void lcd_xy(unsigned char x, unsigned char y)
{
        unsigned char p;

        if(y>1) y=1;
        if(x>15) x=15;
        p = y ? x+0xc0 : x+0x80;
        write_IR(p);
}

// LCD의 커서 위치를 홈(맨 처음)으로 이동
```

```
void lcd_cursor_home(void)
{
	write_IR(LCD_CMD_HOME);
	_delay_ms(2);
}

// LCD의 글자를 모두 삭제
void lcd_clear(void)
{
	write_IR(LCD_CMD_CLEAR);
	_delay_ms(2);
}

// LCD 표시 커서를 설정
void lcd_cursor(unsigned char display, unsigned char cursor, unsigned char blink)
{
	unsigned char c;

	c = 8 + display + cursor + blink;
	write_IR(c);
	_delay_ms(2);
}

// LCD에 한 문자를 표시
int lcd_putchar(char c)
{
	LCD_DR;
	LCD_WRITE;
	LCD_ENABLE;
	LCD_DATA(c);
	_delay_us(100);
	LCD_DISABLE;
	return 0;
}
```

```
// LCD에 문자열을 표시
void lcd_print(char *s)
{
	while(*s) lcd_putchar(*s++);
}

// LCD 모듈 초기화
void lcd_init(void)
{

	_delay_ms(15);
	write_IR(0x38);
	_delay_ms(5);
	write_IR(0x38);
	_delay_ms(5);
	write_IR(0x38);
	_delay_ms(5);

	write_IR(0x0e);
	_delay_ms(2);
	lcd_cursor_home();
	lcd_clear();


	lcd_cursor(LCD_DISPLAY_ON,LCD_CURSOR_OFF,LCD_BLINK_OFF);
	//lcd 표시 ON, 커서 ON, 깜박임 ON
	fdevopen((void *)lcd_putchar, 0);

}


unsigned char sw(void)
{
```

```
        unsigned char key;

        key = SW_PORT;
        key = ~(key | 0xf0);
        return key;
}

unsigned char sw_wait(void)
{
  unsigned char key, key1;

  // 스위치 눌릴 때까지 대기
  while(1){
    key = SW_PORT;
    key = ~(key | 0xf0);
    if (key > 0) break;
  }

  _delay_ms(10);

  // 해당 스위치가 놓일 때까지 대기
  while(1){
    key1 = SW_PORT;
    key1 = ~(key1 | 0xf0);
    if (key1 != key) break;
  }

  return key;
}



void Port_init()
{
```

```
        DDRD   = 0xff;                    // LCD DataBus 초기화
        DDRE   = 0xf0;                    // LCD ControlBus 초기화

        DDRB   = 0xf0;   // 스위치 포트를 입력으로 설정//4~7 - Motor

}

int main(void)
{
        unsigned char a;

        Port_init();
        lcd_init();

        lcd_cursor(LCD_DISPLAY_ON, LCD_CURSOR_ON, LCD_BLINK_ON);

        for (;;)
        {
                a = sw_wait();
                switch(a)
                {
                        case SW0:
                                printf("0");
                                break;
                        case SW1:
                                printf("1");
                                break;
                        case SW2:
                                printf("2");
                                break;
                        case SW3:
                                printf("3");
                                break;
                }
```

```
        }
        return 0;
}
```

프로그램 응용 - 9

위의 예제 ex17.c를 수정하여 봅시다. 위 예제에서는 스위치를 계속 누르면 해당 스위치 번호를 출력하다가 LCD의 범위(가로 8자)를 벗어나면 더 이상 숫자가 나타나지 않습니다. ex17.c를 수정하여 가로 8자를 넘어가면 다음 줄에 계속 표시 되도록 수정합니다.

제 6 장 DC 모터의 제어와 로봇 동작

6.1 모터의 구동

로봇은 DC 모터가 2개 장착되어 있습니다. 이 2개의 DC를 이용하여 전진, 후진, 좌회전, 우회전 등 다양하게 이동이 가능합니다.

6.1.1 로봇의 전진 함수

로봇 모터를 전진합니다. 전진할 때, 속도를 정할 수 있습니다.

함수 및 설명

motor_go 함수 : 로봇을 전진시킵니다.

함수 사용법

motor_go(전진 속도);

- 로봇의 모터를 동작하여 전진합니다. 전진 속도는 0부터 255까지 사용합니다. 0은 모터를 동작하지 않으며, 255로 갈수록 속도는 빨라집니다. 실제 로봇의 이동 속도는 배터리의 양에 따라 달라질 수 있습니다.

6.1.2 로봇의 후진 함수

로봇 모터를 후진합니다. 전진과 같이 후진할 때, 속도를 정할 수 있습니다.

함수 및 설명

motor_back 함수 : 로봇을 후진시킵니다.

함수 사용법

motor_back(후진 속도);

- 로봇의 모터를 동작하여 후진합니다. 후진 속도는 0부터 255까지 사용합니다. 0은 모터를 동작하지 않으며, 255로 갈수록 후진 속도는 빨라집니다.

6.1.3 로봇의 정지 함수

로봇 모터를 정지합니다.

함수 및 설명

motor_stop 함수 : 로봇을 정지시킵니다.

함수 사용법

motor_stop( );

예제 ex18.c 는 로봇을 2초 동안 전진(속도 255)하고, 다시 2초 동안 후진(속도 255)하고 정지합니다.

ex18.c 예제 프로그램

```
#include "wildcat.h"

int main(void)
{
    wildcat_start();
    motor_go(255);
    delay_s(2);
    motor_back(255);
    delay_s(2);
    motor_stop();
    return 0;
}
```

ex18-1.c 예제 프로그램

```
#include <avr/io.h>              // IO 제어 위한 해더
#include <util/delay.h>          // delay 제어 위한 해더

// delay위한 시스템 클럭 설정
#define SYS_CLK 16000000L

#define MOTOR_PORT PORTB

void pwm_init()
{
        //FAST PWM
```

```
        //7812.5HZ
        //forward

        TCCR1A = (1<<COM1A1) | (1<<COM1C1) |(1<<WGM10);
        TCCR1B = (1<<WGM12) | (1<<CS11);
        OCR1A = 0;
        OCR1C = 0;
}

// 모터 정방향 스피드 함수
void motor_go(unsigned char spd)
{
                TCCR1A |= (1<<COM1C0) | (1<<COM1A0);

                PORTB |= (1<<4);        // PORTB4 Hogh  1출력
                PORTB |= (1<<6);        // PORTB6 Hogh  1출력

                OCR1C = spd;            // OCR1C레지스터 SPD값 저장.
                OCR1A = spd;            // OCR1A레지스터 SPD값 저장.
}

// 모터 역방향 스피드 함수
void motor_back(unsigned char spd)
{
                TCCR1A &= ~(1<<COM1C0) & ~(1<<COM1A0);

                PORTB &= ~(1<<4);               // PORTB4 Low  0출력
                PORTB &= ~(1<<6);               // PORTB6 Low  0출력

                OCR1C = spd;            // OCR1C레지스터 SPD값 저장.
                OCR1A = spd;            // OCR1A레지스터 SPD값 저장.
}

// 모터 정지 함수(프리정지)
```

```
void motor_stop(void)
{
		PORTB &= ~(1<<6);
		PORTB &= ~(1<<4);;

		TCCR1A &= ~(1<<COM1C0);
		TCCR1A &= ~(1<<COM1A0);

		OCR1C = 0;
		OCR1A = 0;
}

// 오른쪽, 왼쪽 모터 스피드 동작 함수.
void motor(int lspd, int rspd )
{
	// lspd 값을 -255부터 255로 제한
	if(lspd > 255) lspd = 255;
	if(lspd < -255)  lspd = -255;

	// rspd 값을 -255부터 255로 제한
	if(rspd > 255) rspd = 255;
	if(rspd < -255) rspd = -255;

	//왼쪽모터를 속도 값의 범위에 따라
	if(lspd > 0) {
		PORTB |= (1<<6);                // 전진 속도
		TCCR1A |= (1<<COM1C0) ;
		OCR1C = (unsigned char)lspd;
	} else if (lspd < 0) {                  // 후진 속도
		PORTB &= ~(1<<6);
		TCCR1A &= ~(1<<COM1C0);
		OCR1C = (unsigned char)abs(lspd);
	} else {                        // 정지 (브레이크)
		PORTB |= (1<<6);
```

```
		TCCR1A &= ~(1<<COM1C0);
		OCR1C = 0xff;
	}

	//오른쪽모터를 속도 값의 범위에 따라
	if(rspd > 0) {
		PORTB |= (1<<4);				// 전진 속도
		TCCR1A |= (1<<COM1A0);
		OCR1A = (unsigned char)rspd;
	} else if (rspd < 0)	{		// 후진 속도
		PORTB &= ~(1<<4);
		TCCR1A &= ~(1<<COM1A0);
		OCR1A = (unsigned char)abs(rspd);
	} else {					// 정지 (브레이크)
		PORTB |= (1<<4);
		TCCR1A &= ~(1<<COM1A0);
		OCR1A = 0xff;
	}
}

// 모터 정지함수(브레이크)
void motor_break(void)
{
	motor(0,0);
}

void Port_init()
{
	DDRB		= 0xf0;		// 모터포트 출력으로 설정
	MOTOR_PORT	= 0x00;		// 모터포트 초기화
}

int main(void)
{
```

```
        Port_init();
        pwm_init();
        motor_stop();

        motor_go(255);
        _delay_ms(2000);
        motor_back(255);
        _delay_ms(2000);
        motor_stop();
        return 0;
}
```

6.2 로봇의 모터 동작

로봇은 DC 모터는 오른쪽과 왼쪽(좌/우 모터)에 있으므로, 2개의 모터를 어떻게 제어 하느냐에 따라 로봇은 다양한 방법으로 이동 또는 회전합니다.
2개 모터의 제어는 전진 방향으로 동작할 것인지, 후진 방향으로 동작할 것인지를 motor 함수를 사용하여 다음 표와 같이 동작합니다.

함수 및 설명

motor 함수 : 로봇을 오른쪽과 왼쪽 모터를 다양하게 동작합니다.

함수 사용법

motor(왼쪽 모터 속도, 오른쪽 모터 속도);

- 왼쪽 모터 속도는 로봇의 왼쪽 모터의 동작 속도를 설정합니다. -255부터 255까지 사용가능하며, -값은 후진 속도, + 값은 전진 속도, 0은 정지합니다.
- 오른쪽 모터 속도는 로봇의 오른쪽 모터의 동작 속도를 설정합니다. -255부터 255까지 사용가능하며, -값은 후진 속도, + 값은 전진 속도, 0은 정지합니다.

1. 왼쪽 모터 속도 > 0, 오른쪽 모터 속도 > 0

① 왼쪽 모터 속도 = 오른쪽 모터 속도
로봇이 전진합니다. 속도 값에 따라 천천히 또는 빠르게 전진합니다.

motor(100, 100)
와일드캣 천천히 전진

motor(255, 255)
와일드캣 빠르게 전진

② 왼쪽 모터 속도 > 오른쪽 모터 속도
로봇이 전진하면서 점차적으로 오른쪽으로 향합니다. (전진 우회전)

motor(255, 100)
와일드캣이 전진하면서 오른쪽으로 향함

③ 왼쪽 모터 속도 < 오른쪽 모터 속도
로봇이 전진하면서 점차적으로 왼쪽으로 향합니다. (전진 좌회전)

motor(100, 255)
와일드캣이 전진하면서 왼쪽으로 향함

2. 왼쪽 모터 속도 < 0, 오른쪽 모터 속도 < 0

① 왼쪽 모터 속도 = 오른쪽 모터 속도
로봇이 후진합니다. 속도 값에 따라 천천히 또는 빠르게 후진합니다.

motor(-100, -100)
와일드캣 천천히 후진

motor(-255, -255)
와일드캣 빠르게 후진

② 왼쪽 모터 속도 > 오른쪽 모터 속도
로봇이 점차적으로 왼쪽으로 후진하면서 로봇은 오른쪽을 향합니다.

motor(-100, -255)
와일드캣이 후진하면서 오른쪽으로 향함

③ 왼쪽 모터 속도 < 오른쪽 모터 속도
로봇이 점차적으로 오른쪽으로 후진하면서 로봇은 왼쪽을 향합니다.

motor(-255, -100)
와일드캣이 후진하면서 왼쪽으로 향함

3. 왼쪽 모터 속도 = 0, 오른쪽 모터 속도 = 0

- 로봇을 정지합니다.
- 이 때 정지를 브레이크 정지(Break)라고 합니다. 즉, motor_stop 함수와 같이 로봇이 “스르륵” 멈추는 것이 아니라 “탁” 과 같이 바로 정지합니다.

4. 왼쪽 모터 속도 > 0, 오른쪽 모터 속도 < 0

왼쪽 모터는 전진, 오른쪽 모터는 후진하므로, 로봇이 오른쪽 방향으로 회전합니다. (제자리 우회전)

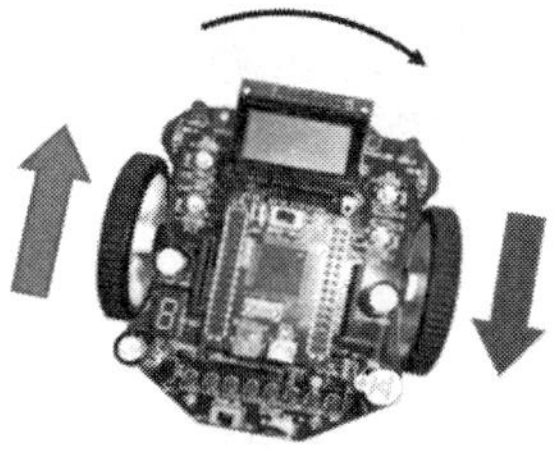

motor(255, -255)
와일드캣이 오른쪽 방향으로 회전

이렇게 동작할 경우에는, 왼쪽 전진속도와 오른쪽 모터의 후진 속도를 항상 같게 하여야 바닥의 마찰력을 최소화하여 로봇이 동작합니다.

5. 왼쪽 모터 속도 < 0, 오른쪽 모터 속도 > 0

왼쪽 모터는 후진, 오른쪽 모터는 전진하므로, 로봇이 왼쪽 방향으로 회전합니다. (제자리 좌회전)

motor(-255, 255)
와일드캣이 왼쪽 방향으로 회전

이렇게 동작할 경우에는, 왼쪽 후진속도와 오른쪽 모터의 전진 속도를 항상 같게 하여야 바닥의 마찰력을 최소화하여 로봇이 동작합니다.

6. 왼쪽 모터 속도 > 0, 오른쪽 모터 속도 = 0

왼쪽 모터는 전진, 오른쪽 모터는 정지하므로, 로봇이 오른쪽 바퀴를 기준으로 오른쪽 방향으로 회전합니다. (정지 우회전)

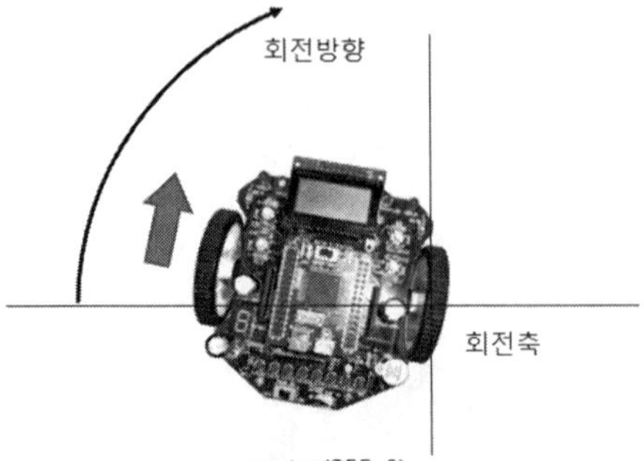

motor(255, 0)
와일드캣이 오른쪽 바퀴를 기준으로
오른쪽 방향으로 회전

위 그림의 회전 방향에 대한 회전 속도는 왼쪽 모터의 동작 속도입니다.

7. 왼쪽 모터 속도 = 0, 오른쪽 모터 속도 > 0

왼쪽 모터는 정지, 오른쪽 모터는 전진하므로, 로봇이 왼쪽 바퀴를 기준으로 왼쪽 방향으로 회전합니다. (정지 좌회전)

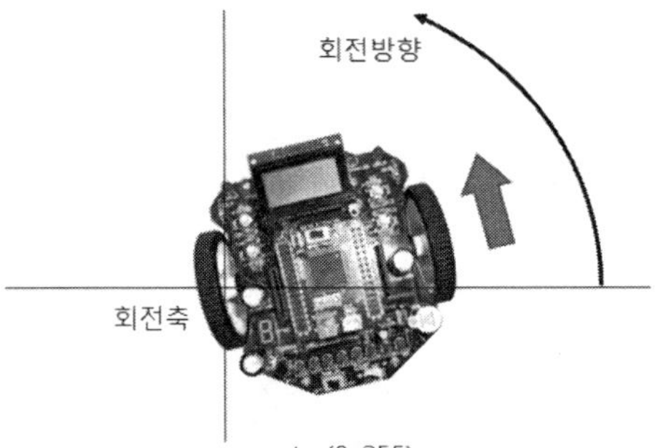

motor(0, 255)
와일드캣이 왼쪽 바퀴를 기준으로
왼쪽 방향으로 회전

위 그림의 회전 방향에 대한 회전 속도는 오른쪽 모터의 동작 속도입니다.

8. 왼쪽 모터 속도 < 0, 오른쪽 모터 속도 = 0
9. 왼쪽 모터 속도 = 0, 오른쪽 모터 속도 < 0

이 경우는 한쪽 바퀴를 기준으로 다른 쪽 바퀴를 후진하면서 회전하게 됩니다.

예제 ex19.c 는 로봇을 위 표의 방법으로 motor 함수를 사용하여 전진, 후진, 좌회전, 우회전 등을 구현한 프로그램입니다.

ex19.c 예제 프로그램

```
#include "wildcat.h"

int main(void)
{
    wildcat_start();

    motor_go(255);
    delay_s(1);
    motor(100,-100);
    delay_s(1);
    motor_back(255);
    delay_s(1);
    motor(-100,100);
    delay_s(1);
    motor_back(255);
    delay_s(1);
    motor_stop();
    return 0;
}
```

ex19-1.c 예제 프로그램

```
#include <avr/io.h>              // IO 제어 위한 해더
#include <util/delay.h>          // delay 제어 위한 해더

// delay위한 시스템 클럭 설정
#define SYS_CLK 16000000L

#define MOTOR_PORT PORTB

void pwm_init()
```

```
{
        //FAST PWM
        //7812.5HZ
        //forward

        TCCR1A = (1<<COM1A1) | (1<<COM1C1) |(1<<WGM10);
        TCCR1B = (1<<WGM12) | (1<<CS11);
        OCR1A = 0;
        OCR1C = 0;
}

// 모터 정방향 스피드 함수
void motor_go(unsigned char spd)
{
                TCCR1A |= (1<<COM1C0) | (1<<COM1A0);

                PORTB |= (1<<4);        // PORTB4 Hogh  1출력
                PORTB |= (1<<6);        // PORTB6 Hogh  1출력

                OCR1C = spd;            // OCR1C레지스터 SPD값 저장.
                OCR1A = spd;            // OCR1A레지스터 SPD값 저장.
}

// 모터 역방향 스피드 함수
void motor_back(unsigned char spd)
{
                TCCR1A &= ~(1<<COM1C0) & ~(1<<COM1A0);

                PORTB &= ~(1<<4);               // PORTB4 Low  0출력
                PORTB &= ~(1<<6);               // PORTB6 Low  0출력

                OCR1C = spd;            // OCR1C레지스터 SPD값 저장.
                OCR1A = spd;            // OCR1A레지스터 SPD값 저장.
}
```

```
// 모터 정지 함수(프리정지)
void motor_stop(void)
{
		PORTB &= ~(1<<6);
		PORTB &= ~(1<<4);;

		TCCR1A &= ~(1<<COM1C0);
		TCCR1A &= ~(1<<COM1A0);

		OCR1C = 0;
		OCR1A = 0;
}

// 오른쪽, 왼쪽 모터 스피드 동작 함수.
void motor(int lspd, int rspd )
{
	// lspd 값을 -255부터 255로 제한
	if(lspd > 255) lspd = 255;
	if(lspd < -255)  lspd = -255;

	// rspd 값을 -255부터 255로 제한
	if(rspd > 255) rspd = 255;
	if(rspd < -255) rspd = -255;

	//왼쪽모터를 속도 값의 범위에 따라
	if(lspd > 0) {
		PORTB |= (1<<6);		// 전진 속도
		TCCR1A |= (1<<COM1C0) ;
		OCR1C = (unsigned char)lspd;
	} else if (lspd < 0) {			// 후진 속도
		PORTB &= ~(1<<6);
		TCCR1A &= ~(1<<COM1C0);
		OCR1C = (unsigned char)abs(lspd);
```

```
	} else {				// 정지 (브레이크)
		PORTB |= (1<<6);
		TCCR1A &= ~(1<<COM1C0);
		OCR1C = 0xff;
	}

	//오른쪽모터를 속도 값의 범위에 따라
	if(rspd > 0) {
		PORTB |= (1<<4);				// 전진 속도
		TCCR1A |= (1<<COM1A0);
		OCR1A = (unsigned char)rspd;
	} else if (rspd < 0)	{			// 후진 속도
		PORTB &= ~(1<<4);
		TCCR1A &= ~(1<<COM1A0);
		OCR1A = (unsigned char)abs(rspd);
	} else {					// 정지 (브레이크)
		PORTB |= (1<<4);
		TCCR1A &= ~(1<<COM1A0);
		OCR1A = 0xff;
	}
}

// 모터 정지함수(브레이크)
void motor_break(void)
{
	motor(0,0);
}

void Port_init()
{
	DDRB		= 0xf0;		// 모터포트 출력으로 설정
	MOTOR_PORT	= 0x00;		// 모터포트 초기화
}
```

```
int main(void)
{
        Port_init();
        pwm_init();
        motor_stop();

        motor_go(255);
        _delay_ms(1000);
        motor(100,-100);
        _delay_ms(1000);
        motor_back(255);
        _delay_ms(1000);
        motor(-100,100);
        _delay_ms(1000);
        motor_back(255);
        _delay_ms(1000);
        motor_stop();
        return 0;
}
```

프로그램 응용 - 10

로봇을 아래 그림과 같이 약 2m 거리에 반환점을 두고 되돌아오는 경기를 해 봅시다. 반환점까지 전진과 우회전(또는 좌회전), 그리고 되돌아오려면 다양한 방법으로 로봇을 동작하여 빠른 시간 안에 가능하도록 합니다.

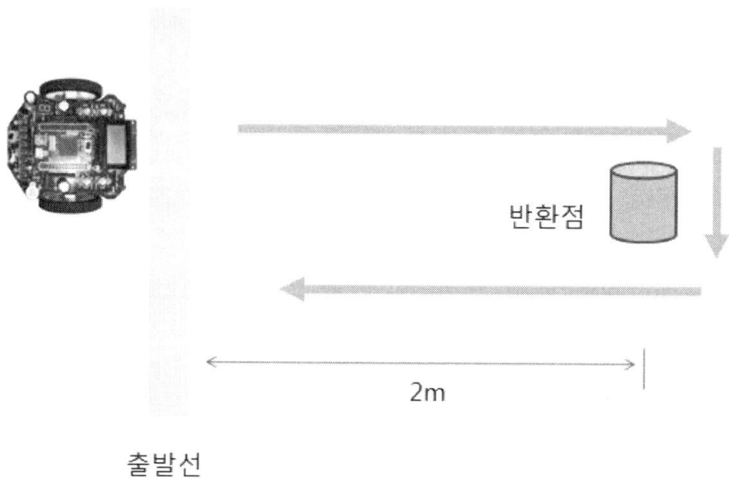

제 7 장 라인 트레이서

7.1 라인 트레이서란 ?

라인 트레이서는 (Line Tracer) 라인 즉 선을 따라 움직이는 로봇을 말합니다. 라인 트레이서는 비교적 구조가 간단하고, 프로그램 하기가 쉬워 로봇을 배우는 가장 첫 단계로 많이 공부하고 있습니다.

국내에서는 라인 트레이서와 관련된 대회가 많이 있습니다. 특히, 요즘은 초등학생까지 라인 트레이서를 배우고 있으며, 대학교에서도 고급 라인 트레이서 대회가 있습니다. 여기에서는 초급 단계 라인 트레이서 동작 방법에서부터 중급 단계까지 배우게 됩니다. 그 외에 고급 단계의 라인 트레이서는 전용의 로봇이 필요로 하므로, 여기에서는 설명되지 않습니다.

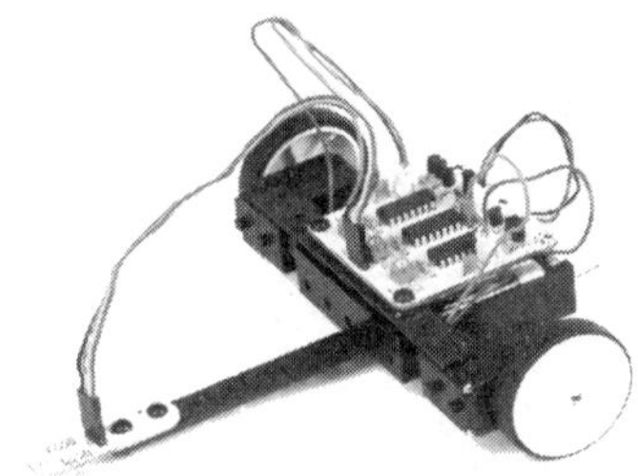

초급 라인 트레이서

중급 라인 트레이서

고급 라인트레이서

7.2 라인 센서

로봇은 센서 PCB의 바닥면에 5조의 라인 감지를 위한 적외선 센서가 있습니다.

가운데 3조의 라인 감지 센서(왼쪽, 중앙, 오른쪽)가 있고, 양 쪽으로 2조의 왼쪽/오른쪽 분기점 감지를 위한 센서가 있습니다.
위 사진은 로봇이 뒤집어 본 것이므로 왼쪽과 오른쪽이 바뀌어 있습니다. (왼쪽과 오른쪽 방향은 로봇을 위에서 내려다 존 것을 기준으로 합니다.)
이 5조의 적외선 센서에서 감지되는 바닥면의 색상에 따라 로봇 센서 PCB의 위쪽에 있는 5개의 LED가 ON 또는 OFF 됩니다.

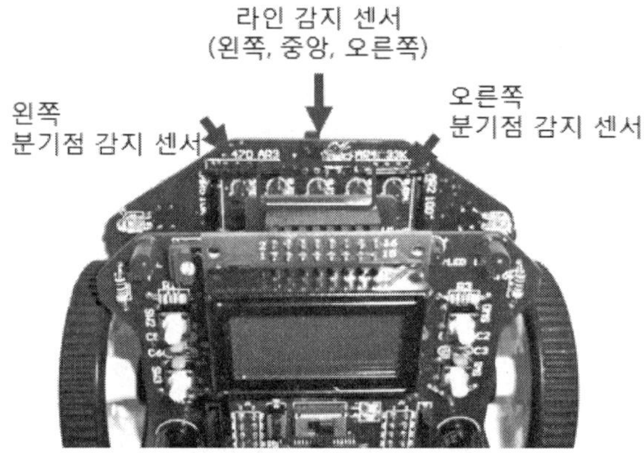

라인 센서 감지 확인용 LED

7.3 라인 센서의 동작

라인트레이서는 선을 따라 움직이는 로봇입니다. 로봇이 선을 따라 움직이려면, 선이 어떻게 되어 있는지를 알아야 합니다. 이때 선을 감지하는 전자 부품을 센서(Sensor)라고 하며, 라인트레이서에서는 적외선 센서(Infra-red)를 사용합니다. 적외선은 빛의 일종으로, 빛의 성질을 가지고 있습니다.

7.3.1 적외선 센서

태양으로부터 오는 빛은 눈에 보이는 "가시광선"과 눈에 보이지 않는 "적외선", "자외선" 등이 있습니다. 이 중에서 "적외선"은 눈에 보이지 않으며, 인체에 해롭지 않기 때문에 장애물의 유무 감지, 장애물의 거리 측정 등에 많이 사용되는 센서입니다.
적외선 센서는 적외선 빛을 발생하는 발광(發光) 센서와 적외선 빛을 감지하는 수광(受光) 센서가 각기 한 조로 사용됩니다.

또한, 적외선 센서는 빛의 성질을 가지고 있으므로, 라인트레이서에서는 빛의 흡수와 반사 성질을 이용하여 바닥면의 라인의 색을 감지합니다.

적외신 센서의 흡수와 반사

<table>
<tr>
<td>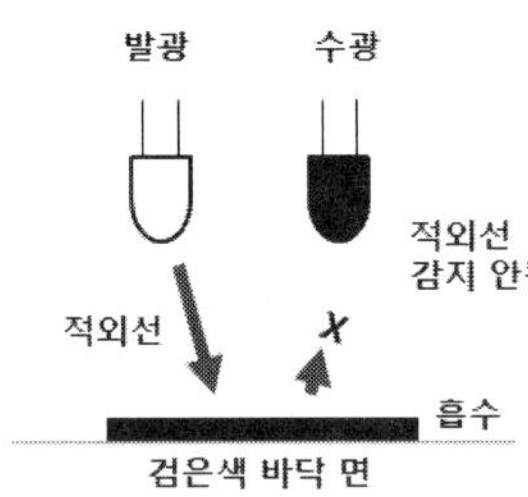</td>
<td>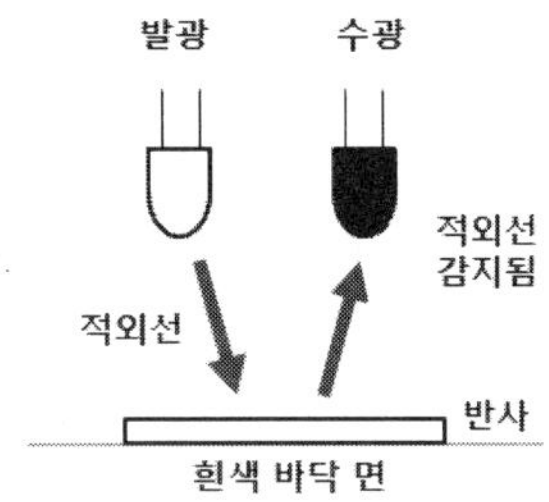</td>
</tr>
<tr>
<td>발광센서에서 적외선 빛을 발생하여, 바닥 쪽으로 향하면 검은색 바닥에서는 적외선 빛이 흡수되어 수광센서에 적외선이 감지되지 않음.</td>
<td>발광센서에서 적외선 빛을 발생하여, 바닥 쪽으로 향하면 흰색 바닥에서는 적외선 빛이 반사되어 수광센서에 적외선이 감지됨.</td>
</tr>
</table>

로봇에는 5조(발광센서, 수광센서)의 적외선 센서가 바닥면을 향하게 하여, 바닥면의 색상을 감지하도록 배치되어 있습니다.
이번 장에서는 5조 중에 가운데 3조의 적외선 센서 (왼쪽, 중앙, 오른쪽 라인 감지 센서)를 이용하여 라인을 따라가는 라인트레이서 프로그램을 하도록 하겠습니다.

7.3.2 라인 감지 함수

라인 감지를 위한 5조의 적외선 센서의 발광 센서를 동작하고, 이를 수광 센서에서 감지하는 함수입니다.

함수 및 설명

read_line 함수 : 로봇의 라인 감지 상태를 sc와 s3 변수에 저장합니다.

함수 사용법

read_line(발광센서 켜는 시간);

– 로봇은 라인 감지를 위해 적외선 발광센서를 켜고 수광센서에서의 적외선 감지 상

태를 사용합니다. 발광센서 켜는 시간은 이 발광센서를 ON 한 이후에, 얼마간 유지하고 수광센서에서 확인할 것인지를 설정합니다. 단위는 마이크로초(us) 의 아주 작은 단위입니다.

예제 ex20.c 는 3조의 라인 감지 센서 중에 왼쪽 센서(LINE_L)만 감지되면 부저가 울리는 프로그램입니다.

ex20.c 예제 프로그램

```
#include "wildcat.h"

int main(void)
{
    wildcat_start();

    for(;;)
    {
        read_line(500);
        if (s3 == LINE_L) buzzer(200);
        delay_ms(100);
        }

    return 0;
}
```

ex20.c 프로그램 설명

- read_line(500); 은 적외선 발광센서를 500us 동안 켜고 수광센서에서의 적외선 감지상태를 sc와 s3 변수에 저장합니다.
- sc 변수는 왼쪽/오른쪽 분기점 감지 센서의 상태를, s3는 가운데 3조의 라인 감지 센서의 상태를 저장하고 있습니다.
- 조건(if)에서 s3 == LINE_L 은 라인 감지 센서(수광)의 상태가 LINE_L 즉 왼쪽 센서가 감지되었으면 처리하는 구문입니다.

위 예제 프로그램의 동작을 확인하기 위해서는 로봇에 프로그램을 다운로드 한 후에, A4 용지에 약 20mm 정도 폭의 검은색 선을 출력하여 아래 그림과 같이 로봇을 올려 놓고 테스트합니다.

가운데 3조의 적외선 센서 중에 왼쪽 센서(LINE_L)가 검은 라인을 감지하면 부저 울림

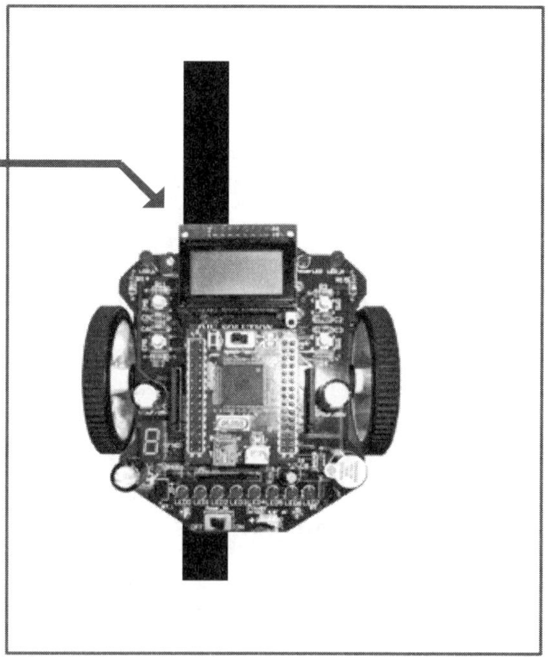

이 후에는 로봇의 라인 감지 센서인 3조의 적외선 센서상태를 아래 그림과같이 표시합니다.

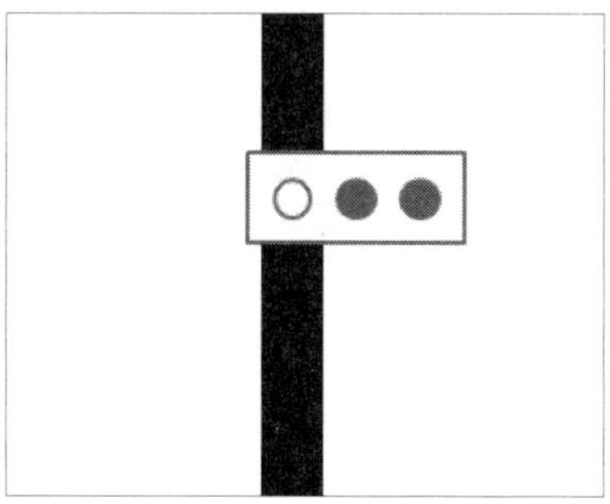

빨간색 원은 바닥면에 흰색이 감지되어 수광센서에 적외선이 감지된 경우이고, 흰색 원은 바닥면에 검은색이 감지되어 수광센서에 적외선이 감지되지 않은 경우입니다.

ex20-1.c 예제 프로그램

```
#include <avr/io.h>              // IO 제어 위한 해더
#include <util/delay.h>          // delay 제어 위한 해더

// delay위한 시스템 클럭 설정
#define SYS_CLK 16000000L



#define BZ_PORT        PORTE
#define BZ_PIN         3

#define SEN_ON    PORTE &= ~(1<<7);  // PORTE7 Low  0출력 (센서 ON)
#define SEN_OFF   PORTE |= (1<<7);   // PORTE7 High 1출력 (센서 OFF)

#define LINE_L         0b00000010
#define LINE_C         0b00000100
#define LINE_R         0b00001000
#define LINE_LC        0b00000110
#define LINE_CR        0b00001100
#define LINE_LR        0b00001010
#define LINE_NO        0b00000000
#define LINE_ALL       0b00001110

#define CROSS_L        0b00000001
#define CROSS_R        0b00010000
#define CROSS_LR       0b00010001
#define CROSS_NO       0b00000000

#define LINE_BLACK     0
#define LINE_WHITE     1

#define MIRO_C         6
#define MIRO_L         5
```

```
#define MIRO_R         7

#define MIRO_NO_WALL  0
#define MIRO_C_WALL   1
#define MIRO_L_WALL   2
#define MIRO_R_WALL   4
#define MIRO_LR_WALL  MIRO_L_WALL + MIRO_R_WALL
#define MIRO_ALL_WALL MIRO_C_WALL + MIRO_L_WALL + MIRO_R_WALL

volatile unsigned char line_color = LINE_BLACK;   // 라인 색상 (초기값 = 흰
바탕 검은라인)
volatile unsigned char s3 = 0;                 // 3개 라인 감지 센서 입력 변수
volatile unsigned char sc = 0;                   // 2개 분기점(좌/우) 감지 센서
입력 변수
volatile unsigned int mc = 0;                 // 미로센서 (중앙) 입력 변수
volatile unsigned int ml = 0;                // 미로센서 (좌) 입력 변수
volatile unsigned int mr = 0;                // 미로센서 (우) 입력 변수
volatile unsigned char wall = MIRO_NO_WALL;   // 미로 벽 감지 상태


void read_line(unsigned int stime)
{
        SEN_ON;
        _delay_us(stime);
        if (line_color == LINE_BLACK)
        {
        sc = PINF & 0b00010001;
                s3 = PINF & 0b00001110;
        } else {
        sc = (~PINF) & 0b00010001;
                s3 = (~PINF) & 0b00001110;
        }
        SEN_OFF;
}
```

```
void buzzer_on(void){
        BZ_PORT &= ~(1<<3);
}
void buzzer_off(void){
        BZ_PORT |= (1<<3);
}
void buzzer(unsigned int delay)
{
        buzzer_on();
        _delay_ms(delay);
        buzzer_off();
}




void Port_init()
{
        DDRF            = 0xf0;         // 모터포트 출력으로 설정
        DDRE            |= 1<<7;

        DDRF = 0x00;

        DDRE    |= (1<<BZ_PIN);         // 부저 포트를 출력으로 설정
        PORTE   |= (1<<BZ_PIN);         // 포트에 High 신호 출력

        SEN_OFF;

}

int main(void)
{
        Port_init();
```

```
        for(;;)
        {
                read_line(500);
                if (s3 == LINE_L) buzzer(200);
                _delay_ms(100);
        }

        return 0;
}
```

7.4 라인트레이서

로봇이 라인을 따라 동작할 때 3조의 적외선 센서 상태에 따라 어떻게 동작할지 아래 표에서 설명하고 있습니다.

s3 변수	센서 상태	로봇 동작
LINE_C	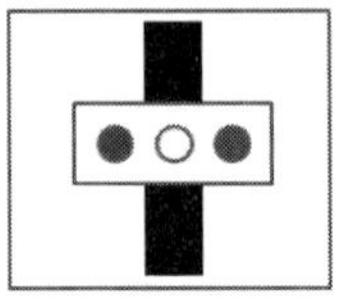	로봇이 제대로 동작하는 경우로, 그대로 앞으로 전진합니다.
LINE_LC	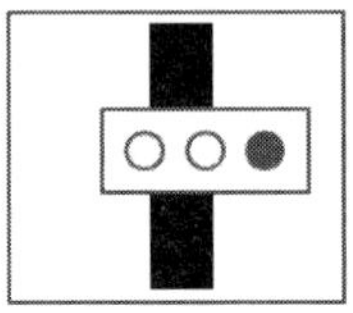	로봇이 오른쪽으로 약간 벗어난 경우로, 로봇을 약간 좌회전하여 경로를 찾아 전진합니다.
LINE_L	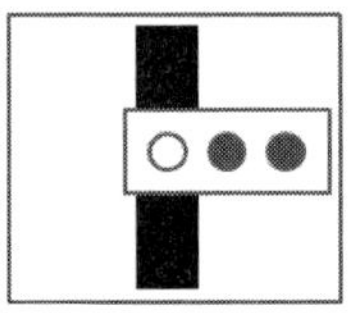	로봇이 오른쪽으로 많이 벗어난 경우로, 로봇을 빠르게 좌회전하여 다시 경로를 찾아 전진합니다.
LINE_CR	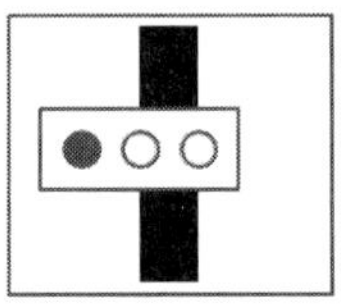	로봇이 왼쪽으로 약간 벗어난 경우로, 로봇을 우회전하여 경로를 찾아 전진합니다.
LINE_R	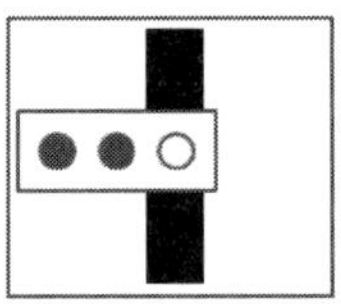	로봇이 왼쪽으로 많이 벗어난 경우로, 로봇을 빠르게 우회전하여 경로를 찾아 전진합니다.
LINE_ALL	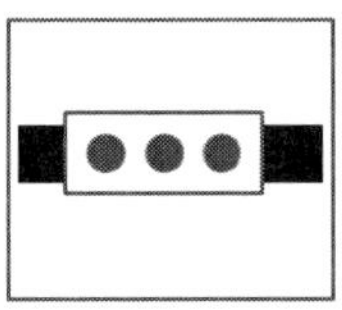	로봇이 완전히 선을 이탈한 경우입니다.

LINE_NO	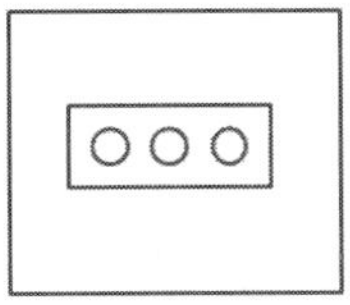	로봇이 검은 선을 찾지 못하고, 흰색 바닥에 있는 경우입니다.
LINE_LR	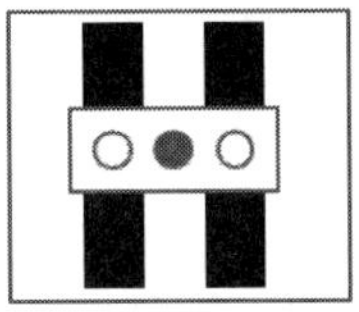	로봇의 라인 감지 센서 좌우로 검은 선이 걸친 경우로, 이런 경우는 발생하지 않는다.

7.4.1 기본 라인트레이싱 프로그램

라인트레이서 프로그램을 하기 위해서 흰색 우드락(또는 밝은 계통의 바닥면), 검은색 테이프를 이용하여 아래 그림과 같이 동작 환경을 만듭니다.

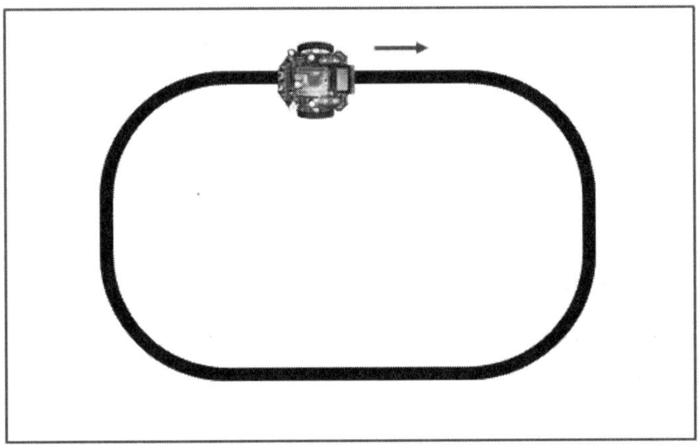

s3 변수의 경우에 따라 다음과 같이 동작하도록 프로그램 합니다.

① LINE_C : 전진
② LINE_L, LINE_LC : 좌회전
③ LINE_R, LINE_CR : 우회전
④ 그 외의 경우 : 정지

예제 ex21.c 는 위의 동작을 프로그램한 예제입니다.

ex21.c 예제 프로그램

```
#include "wildcat.h"

int main(void)
{
    wildcat_start();

    for(;;)
    {
        read_line(500);                 // 라인 감지 센서 상태 저장
        switch(s3)                      // 저장된 s3 상태에 따라
        {
            case LINE_C:
                motor_go(255);          // 전진
                break;
            case LINE_L:
            case LINE_LC:
                motor(0, 200);          // 좌회전
                break;
            case LINE_R:
            case LINE_CR:
                motor(200,0);           // 우회전
                break;
            default:
                motor_break();          // 정지
        }
    }
    return 0;
}
```

프로그램 응용 - 11

위의 예제 ex21.c 는 전진과 좌/우 회전에 로봇의 동작 속도를 중간 속도로 하였습니다. 이를 최대한 빠르게 동작하도록 동작 속도를 수정하도록 하십시오.

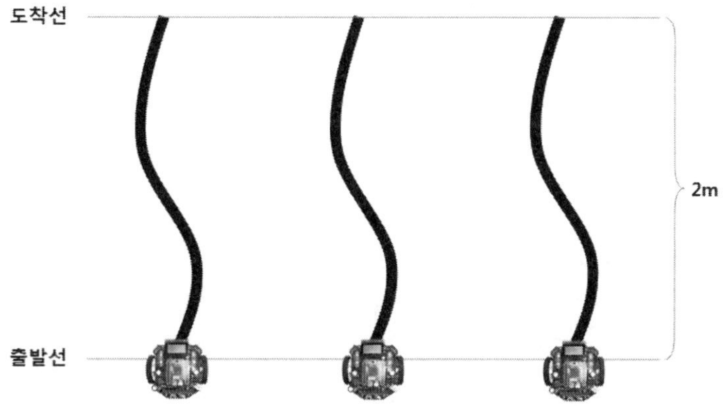

7.4.2 향상된 라인트레이싱 프로그램

기본 라인트레이싱 프로그램은 전진과 좌/우회전으로만 동작하기 때문에, 라인을 조금만 벗어나도, 좌/우로 지그재그 방향이 바뀌며 전진합니다. 이러한 방법은 전진 속도를 많이 줄이기 때문에 좀 더 향상된 방법으로 라인트레이싱 하는 방법에 대해 알아보도록 하겠습니다.

① LINE_C : 전진
② LINE_LC : 전진 좌회전
③ LINE_L : 좌회전
④ LINE_CR : 전진 우회전
⑤ LINE_R : 우회전

ex22.c 예제 프로그램

```
#include "wildcat.h"

int main(void)
{
    wildcat_start();

    for(;;)
    {
        read_line(500);
        switch(s3)
        {
            case LINE_C:
                motor_go(255);          // 전진
                break;
            case LINE_L:                // 좌회전
                motor(0, 255);
                break;
            case LINE_LC:               // 전진 좌회전
                motor(150, 255);
                break;
            case LINE_R:                // 우회전
                motor(255, 0);
                break;
            case LINE_CR:               // 전진 우회전
                motor(255, 150);
                break;
        }
    }
    return 0;
}
```

제 8 장 분기 라인트레이서

8.1 분기 라인트레이서란 ?

분기 라인트레이서란 라인을 로봇이 따라가다가, 필요에 의해 ㅏ, +, ㅓ 형 등의 갈림길에서 어떠한 경로로 이동할 것인지를 판단하여, 원하는 방향으로 분기(이동)하는 라인트레이서를 말합니다.

ㅏ형 갈림길

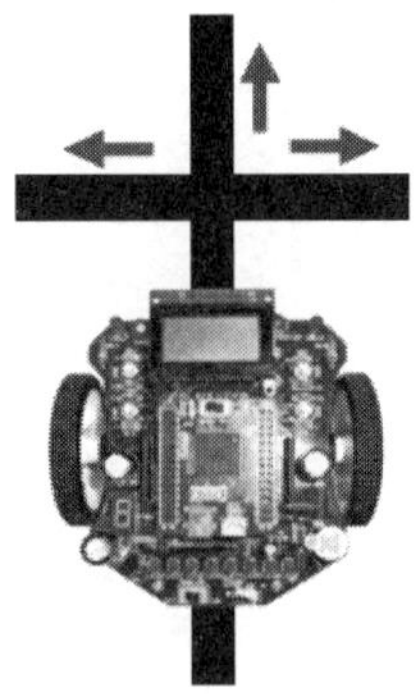

+형 갈림길

ㅓ형 갈림길

분기 또한 라인을 감지하여야 하기 때문에 가운데 3조의 라인 감지 센서 외에 왼쪽과 오른쪽 끝부분에 별도의 분기점 감지를 위한 센서가 필요합니다.

로봇의 바닥면에서 본 왼쪽/오른쪽 분기점 감지 센서

8.2 분기점 우회전 프로그램

로봇이 동작 중 분기점이 감지되어, 우회전 하는 프로그램을 하기 위해 아래에서 로봇의 동작 상태를 알아보도록 하겠습니다.

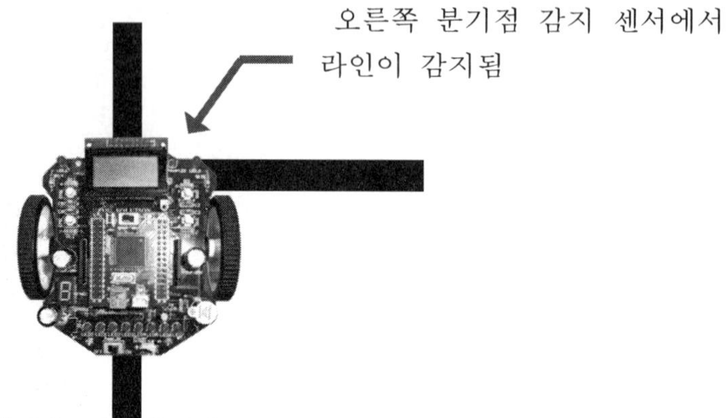

① 로봇이 분기점을 감지합니다.

로봇이 라인 트레이싱으로 라인을 따라 이동하는 도중에 왼쪽 또는 오른쪽 분기점 감지 센서에 의해 분기 라인이 감지되는지를 항상 체크하고 있어야 합니다.

② 로봇을 우회전 합니다.

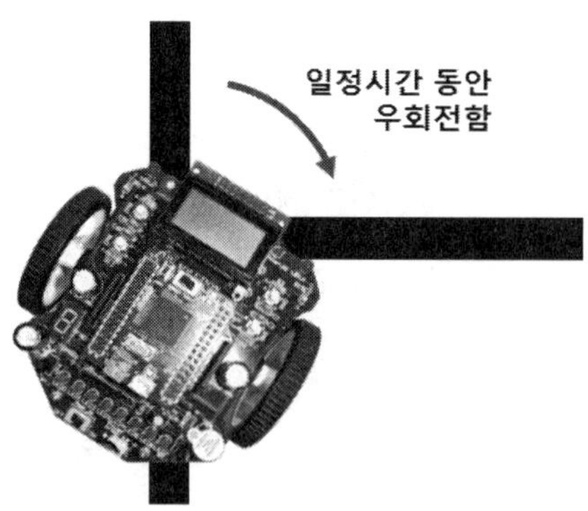

로봇을 적당한 시간동안 우회전합니다.

③ 우회전 하였으면 다시 라인트레이싱 기능을 수행하여 라인을 따라 전진합니다.

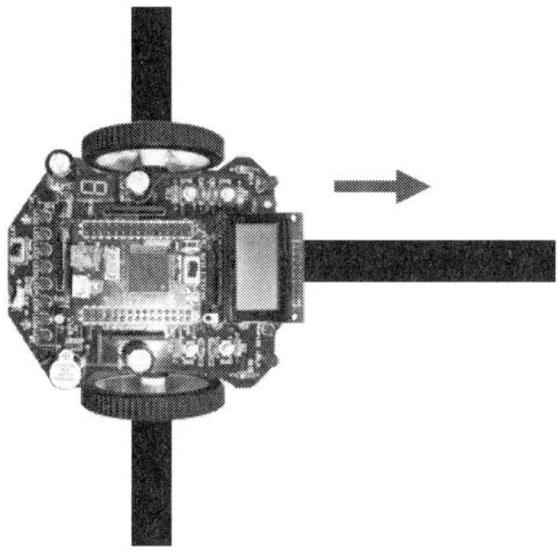

위 알고리즘을 사용한 분기점에서 우회전 하는 알고리즘과 프로그램은 다음과 같습니다.

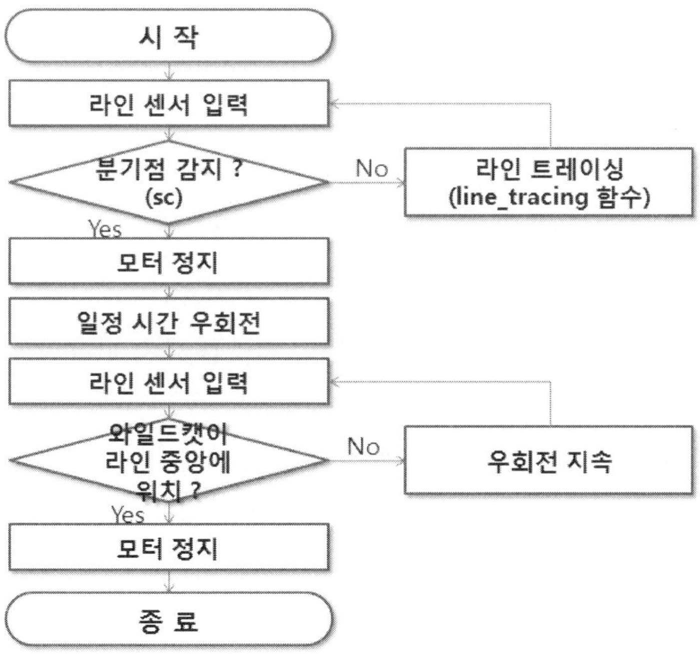

ex23.c 예제 프로그램

```
#include "wildcat.h"

int main(void)
{
    wildcat_start();

    // 라인 센서를 입력하여 분기점이 없으면 라인 트레이싱하며,
    // 분기점을 만나면 for 루프를 빠져나감.
    for(;;)
    {
        read_line(500);
        if (sc == CROSS_NO)
        {
            line_tracing();
        } else {
            break;
        }
    }

    // 분기점을 만나면 처리하는 순서
    motor_break();      // 50ms 정지
    delay_ms(50);

    motor(255,-255);  // 200ms 동안 무조건 제자리 우회전
    delay_ms(200);

    // 라인 센서를 입력받아 로봇이 다시 라인 중앙에 위치하는지
    // 판단 (s3의 중앙 센서 감지, 분기점 감지센서 sc는 NO로)
    for(;;)
    {
        read_line(500);
        if ((s3 & LINE_C) && (sc == CROSS_NO)) break;
    }
```

```
        // 우회전 한 후에 로봇 정지
        motor_break();
        return 0;
    }
```

8.3 분기점 좌회전 프로그램

분기점 좌회전 프로그램은 위의 우회전 프로그램을 다음과 같이 수정합니다.

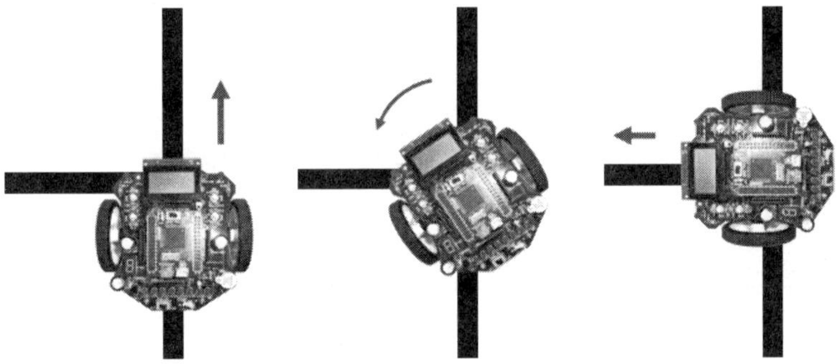

```
    // 분기점을 만나면 좌회전
    motor_break();      // 50ms 정지
    delay_ms(50);

    motor(-255,255);  // 200ms 동안 무조건 제자리 좌회전
    delay_ms(200);

    // 라인 센서를 입력받아 로봇이 다시 라인 중앙에 위치하는지
    // 판단 (s3의 중앙 센서 감지, 분기점 감지센서 sc는 NO로)
    for(;;)
    {
```

```
    read_line(500);
    if ((s3 & LINE_C) && (sc == CROSS_NO)) break;
}
```

8.4 분기점 직진 프로그램

로봇이 분기점을 만나서, 분기점에서 좌 또는 우회전 하지 않고 바로 직진하는 프로그램은 다음과 같습니다.

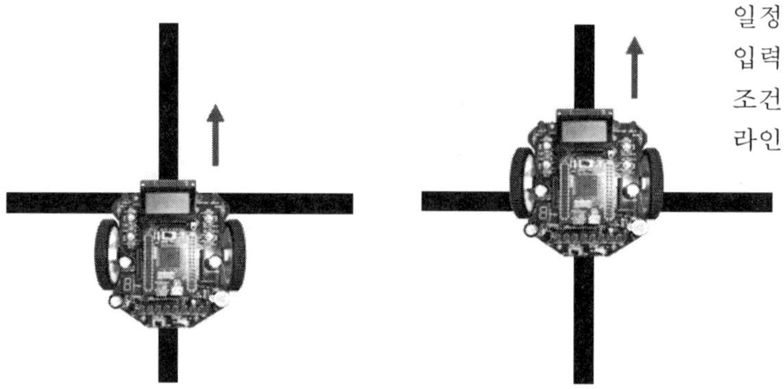

일정 시간 라인 센서 입력과 관계없이 무조건 직진한 후 다시 라인 트레이싱

ex24.c 예제 프로그램

```
#include "wildcat.h"

int main(void)
{
    wildcat_start();

    // 분기점 만날 때까지 라인 트레이싱
    for(;;)
    {
```

```
        read_line(500);
        if (sc == CROSS_NO)
        {
            line_tracing();
        } else {
            break;
        }
    }

    // 분기점 만나면, 200ms 무조건 직진
    motor_go(255);
    delay_ms(200);

    // 다음 분기점 만날 때까지, 다시 라인 트레이싱
    for(;;)
    {
        read_line(500);
        if (sc == CROSS_NO)
        {
            line_tracing();
        } else {
            break;
        }
    }

    // 분기점 만나면, 정지하고 끝냄
    motor_break();
    return 0;
}
```

8.5 분기점 구간을 원하는 경로 따라 이동

로봇이 분기점을 만나서, 분기점에서 좌 또는 우회전 그리고 전진하는 함수를 사용하여 원하는 경로를 따라 이동하는 프로그램을 작성해 보도록 하겠습니다.

① 라인 트레이싱 함수

void line_tracing(void)

- 3조의 라인 감지 센서를 이용하여 라인을 따라가는 함수입니다.

② 분기점 감지 라인 트레이싱 함수

void line_tracing_until_cross(void)

- 3조의 라인 감지 센서를 이용하여 line_tracing 함수로 라인을 따라가며, 왼쪽/오른쪽 분기점 감지 센서에 분기점이 감지되면 함수를 종료합니다.

③ 분기점에서 무조건 직진하는 함수

void cross_go(u16 ntime)

- 분기점에서 ntime 에 해당하는 시간만큼 무조건 직진합니다. ntime은 ms 단위이며, 0-65,535 까지 사용이 가능합니다.

④ 분기점에서 좌회전하는 함수

void cross_turn_left(u16 ntime)

- 분기점에서 제자리 좌회전합니다. ntime은 제자리 좌회전하는 시간이며, ms 단위입니다. 0-65,535 까지 사용이 가능합니다.

⑤ 분기점에서 우회전하는 함수

void cross_turn_right(u16 ntime)

- 분기점에서 제자리 우회전합니다. ntime은 제자리 우회전하는 시간이며, ms 단위입니다. 0-65,535 까지 사용이 가능합니다.

아래와 같이, 분기점이 많은 경로를 주어진 경로(빨간 선)를 따라 로봇을 동작하려고 합니다. 이때는 각 분기점에서 로봇이 어떠한 동작을 해야 하는지를 결정합니다.

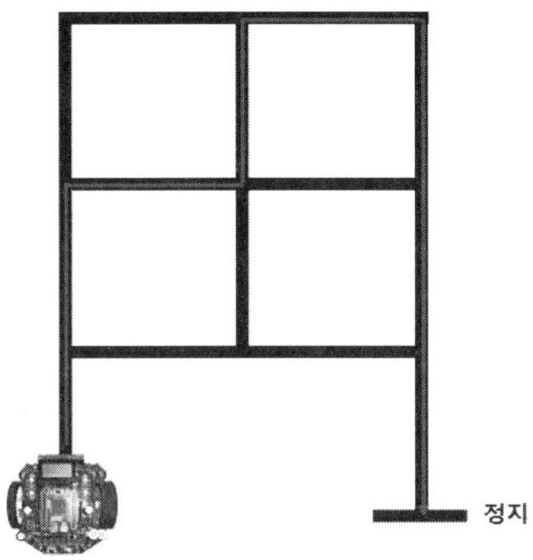

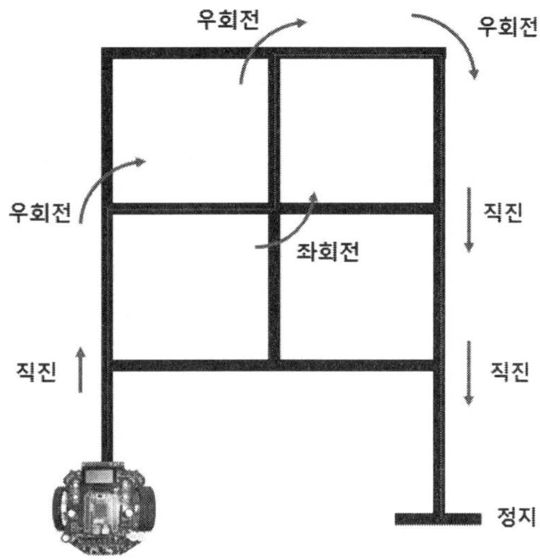

위에서 정한 로봇의 동작을 함수를 이용하여 작성해 보도록 하겠습니다.

ex25.c 예제 프로그램

```
#include "wildcat.h"

int main(void)
{
    wildcat_start();

    // 분기점까지 라인트레이싱 후 분기점에서 직진
    line_tracing_until_cross();
    cross_go(200);
```

```
    // 다시, 분기점까지 라인트레이싱 후 분기점에서 우회전
    line_tracing_until_cross();
    cross_turn_right(300);

    // 다시, 분기점까지 라인트레이싱 후 분기점에서 좌회전
    line_tracing_until_cross();
    cross_turn_left(300);

    // 다시, 분기점까지 라인트레이싱 후 분기점에서 우회전
    line_tracing_until_cross();
    cross_turn_right(300);

    // 다시, 분기점까지 라인트레이싱 후 분기점에서 우회전
    line_tracing_until_cross();
    cross_turn_right(300);

    // 다시, 분기점까지 라인트레이싱 후 분기점에서 직진
    line_tracing_until_cross();
    cross_go(200);

    // 다시, 분기점까지 라인트레이싱 후 분기점에서 직진
    line_tracing_until_cross();
    cross_go(200);

    // 다시, 분기점까지 라인트레이싱 후 분기점에서 정지하고 종료
    line_tracing_until_cross();
    motor_break();

    return 0;
}
```

제 9 장 마이크로 마우스

9.1 마이크로 마우스란 ?

마이크로 마우스는 (Micro Mouse) 조그마한 생쥐가 복잡한 미로를 빠져나가듯이 로봇이 미로는 빠져나가는 로봇을 말합니다.

마이크로 마우스는 라인 트레이서에 비해 좀 더 복잡한 하드웨어와 프로그램 구조를 가지고 있습니다.

마이크로 마우스를 프로그램하기 위해서는 라인 트레이서와 같이 적외선 센서를 사용합니다. 라인 트레이서는 단순히 바닥면의 색을 검은색 또는 흰색으로만 구분하지만, 마이크로 마우스는 적외선 센서를 사용하여 벽까지의 거리를 감지하여야 하므로, 단순히 벽이 있는지 없는지를 감지하는 '0' 과 '1' 이 아니라, 벽에서 어느 정도 떨어져 있는지 적외선의 반사 양을 측정하여야 합니다.

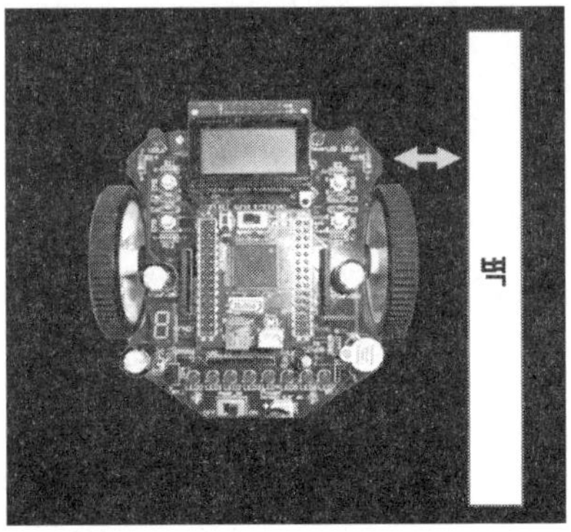

벽에서 가까울 때

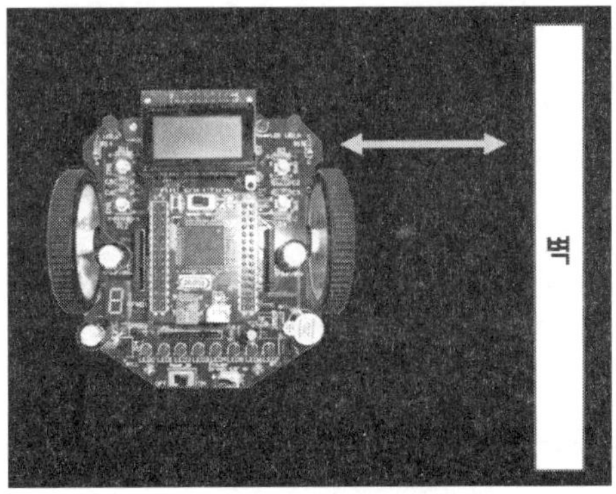

벽에서 멀어질 때

- 벽에서 가까울 때 : 로봇의 오른쪽 측면 발광센서에서 발산한 적외선이 흰색 벽에 반사되어 되돌아와 다시 수광센서에서 적외선 양으로 검출하면 **많은 양**의 적외선이 검출됩니다.

- 벽에서 멀어질 때 : 로봇의 오른쪽 측면 발광센서에서 발산한 적외선이 흰색 벽에 반사되어 되돌아와 다시 수광센서에서 적외선 양으로 검출하면 **적은 양**의 적외선이 검출됩니다.

< 로봇의 벽 감지 센서 >

9.2 아날로그 신호

적외선의 양을 측정하기 위해서는 AD변환(아날로그-디지털 변환)을 하여 적외선과 같은 아날로그 신호를 디지털로 변환하는 작업을 하여야 하며, 보통 0부터 1024의 값으로 표현하게 됩니다.

9.2.1 벽 감지 함수

로봇의 전면, 좌/우 벽 감지 센서로 벽 까지의 적외선 센서의 양을 ml, mc, mr 변수값에 저장합니다.

함수 및 설명

read_miro 함수 : 로봇의 벽 감지된 센서의 양을 ml, mc, mr 변수에 저장합니다.

함수 사용법

read_miro(발광센서 켜는 시간);

- 로봇은 벽 감지를 위해 적외선 발광센서를 켜고 수광센서에서의 감지되는 적외선의 양 변수에 저장합니다. 발광센서 켜는 시간은 이 발광센서를 ON 한 이후에, 얼마간 유지하고 수광센서에서 확인할 것인지를 설정합니다. 단위는 마이크로초(us)의 아주 작은 단위입니다.

- 벽 감지에 사용되는 변수는 다음과 같습니다.

① **mc** : 전면 벽 감지 센서의 값 저장, 0~1,024까지의 거리 값이며, 벽이 가까울수록 높은 값입니다.
② **ml** : 왼쪽 벽 감지 센서의 값 저장, 0~1,024까지의 거리 값이며, 벽이 가까울수록 높은 값입니다.
③ **mr** : 전면 벽 감지 센서의 값 저장, 0~1,024까지의 거리 값이며, 벽이 가까울수록 높은 값입니다.

9.2.2 전면 벽 까지의 거리 감지

로봇의 전면 벽 감지 센서의 센서 감지 값을 LCD 모듈에 표시하는 예제는 다음과 같습니다.

ex26.c 예제 프로그램

```
#include "wildcat.h"

int main(void)
{
    wildcat_start();

    for(;;)
    {
```

```
        read_miro(500);
        lcd_xy(2,0);
        printf("%4d", mc);
    }

    return 0;
}
```

프로그램을 동작시킨 후에, 로봇의 전면 센서 쪽에 장애물 (또는 흰색 종이)을 가까이 또는 멀리하여 LCD 의 숫자 변화를 살펴봅니다.

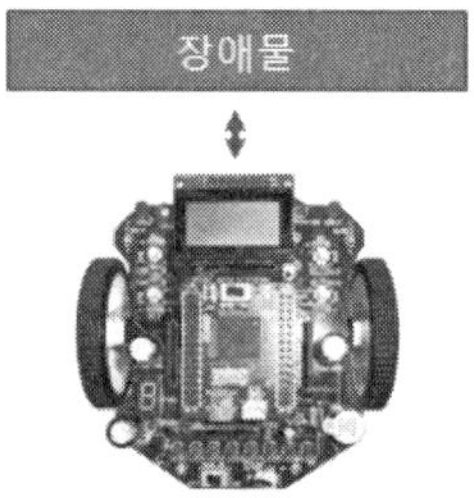

장애물이 가까울 때

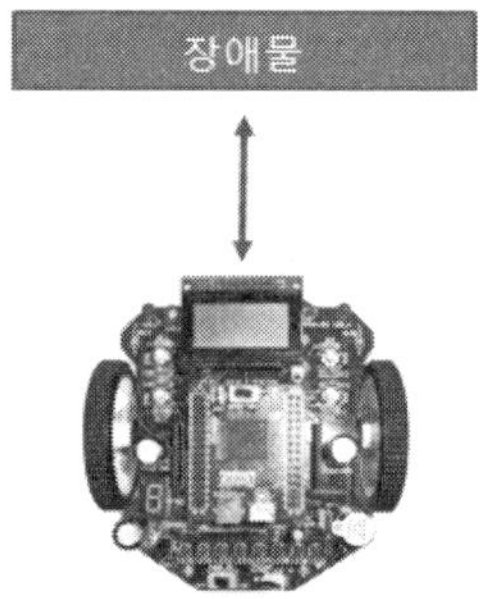

장애물이 멀 때

> 원하는 경로로 로봇이 동작하지 못하는 경우, 분기점에서 직진, 좌회전, 우회전 하는 시간을 적절히 조절하십시오. 또한, 필요한 경우 프로그램 설치 폴더의 "\wildcat\wildcat.h" 파일 내의 line_tracing, line_tracing_until_cross, cross_go, cross_turn_left, cross_turn_right 함수를 더 좋은 알고리즘으로 수정할 수 있습니다.

프로그램 응용 - 12

로봇의 왼쪽과 오른쪽 벽 감지 센서의 값을 LCD 모듈의 첫째 줄과 둘째 줄에 표시하는 프로그램을 작성해 보도록 하겠습니다.

※ 참고사항

- 로봇의 벽 감지 센서는 납땜한 위치 또는 장애물의 종류(재질, 색상), 현재 환경(빛의 정도 등)에 따라 센서의 값이 모두 똑같지 않습니다.
- 그러므로, 본 장에서 설명하고 있는 센서의 값을 이용한 프로그램의 예제는 자신이 조립한 로봇의 센서 값에 맞게 수정해주어야 할 경우도 있습니다.

9.2.3 양쪽 벽 까지의 거리 감지를 이용한 미로 통과

로봇을 마이크로 마우스로 동작하려면, 미로 구성을 위한 미로판이 필요합니다. 아래 사진은 5 x 5 의 미로를 구성할 수 있는 미로 구성 제품입니다. (구입은 별도 문의)

로봇이 양쪽 벽인 구간을 이동할 때, 앞으로 전진을 하게 됩니다. 이 구간에서 전진을 하려면, 왼쪽(ml)과 오른쪽(mr)의 센서 값(거리)을 비교해서 로봇을 동작합니다.

ml과 mr 비교	로봇 동작
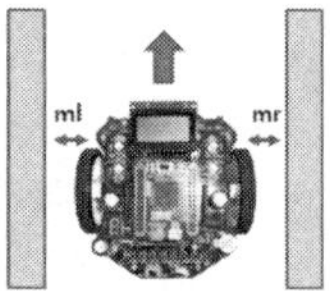	① ml = mr m1과 mr 의 값이 같으면 벽 사이의 가운데 로봇이 놓여 있는 경우이므로, 전진합니다.
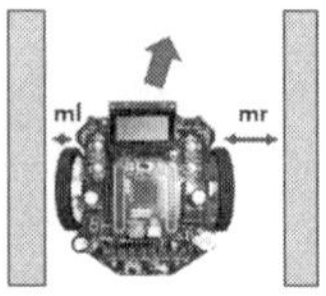	② ml > mr m1이 더 크면 왼쪽 벽에 가깝게 로봇이 놓여 있는 경우이므로, 우회전합니다.
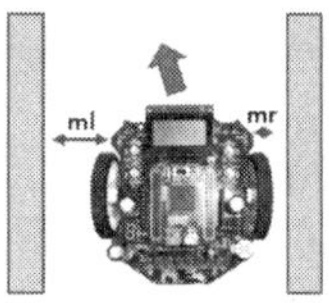	③ ml < mr mr이 더 크면 오른쪽 벽에 가깝게 로봇이 놓여 있는 경우이므로, 좌회전합니다.

ex27.c 예제 프로그램

```
#include "wildcat.h"

int main(void)
{
     wildcat_start();

     for(;;)
     {
          read_miro(500);

          if (ml == mr){                         // ml = mr 이면
               motor_go(255);                    // 전진
          } else if (ml > mr){                   // ml > mr 이면
               motor(255,0);                     // 우회전
```

```
        } else {                            // 그 외(ml < mr) 이면
            motor(0,255);                   // 좌회전
        }
    }

    return 0;
}
```

위의 예제로 대부분의 벽으로 구성된 미로 구조는 빠져나갈 수 있습니다.

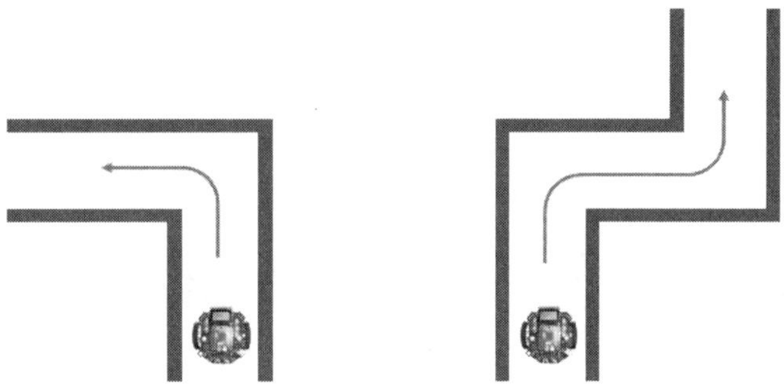

벽으로 구성된 ㅣ 자, ㄱ자, ㄹ자 구간

프로그램 응용 - 13

위 예제를 수정하여 양쪽 벽을 따라 로봇이 이동하다가, 전면 센서에 벽이 감지되면 정지하는 프로그램을 작성하여 봅시다.

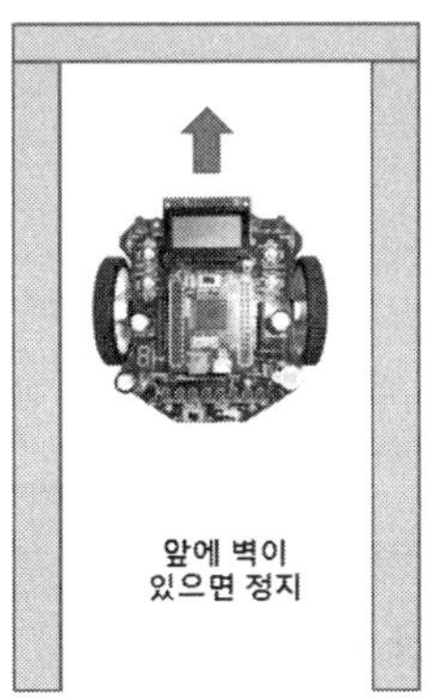

9.3 벽이 없는 구간에서도 직진

11.2.3 에서는 왼쪽과 오른쪽 벽의 수신센서 값인 거리를 이용하여 서로 비교하면서 전진하는 프로그램을 하였습니다. 그러나, 로봇이 한 쪽 벽이 없는 미로 구간에서 전진하고자 할 때는 다른 방법으로 프로그램을 해야합니다.

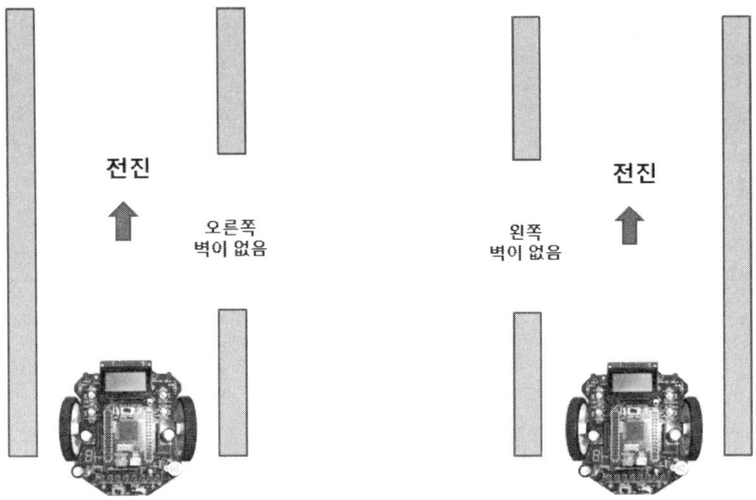

ex28.c 예제 프로그램

```
#include "wildcat.h"

int main(void)
{
    wildcat_start();

    for(;;)
    {
        read_miro(500);

        if (mr < 80) {                  // 오른쪽 벽이 감지되지 않으면
            if (ml == 100){             // 왼쪽 벽까지 거리 100 유지
                motor_go(255);
```

```
            } else if (ml > 100){
                motor(200,100);
            } else {
                motor(100,200);
            }
        } else {                          // 오른쪽 벽이 있으면
            if (ml == mr){                // ml과 mr을 비교해서 동작
                motor_go(255);
            } else if (ml > mr){
                motor(200,100);
            } else {
                motor(100,200);
            }
        }
    }

    return 0;
}
```

아래 예제는 로봇이 미로를 진행 중에 오른쪽이 벽이 없는 구간에서도 직진하도록 프로그램하였습니다.

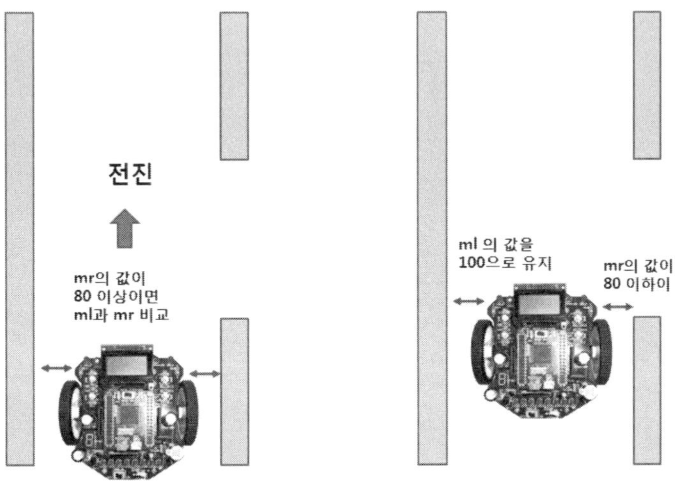

① 오른쪽 벽에 대해서 mr의 값이 80 이상이면, ml과 mr을 서로 비교해서 로봇을 전진합니다.
② 오른쪽 벽이 없으면 mr의 값이 80 이하가 되고, 이때는 ml의 값을 이용하여 왼쪽 벽까지 거리를 100으로 유지하면서 전진합니다.

※ 참고사항

- 위 예제에서 80과 100의 숫자는 로봇의 조립 상태 및 주변 조명 환경에 따라 달라질 수 있습니다. 위 프로그램으로 제대로 동작하지 않으면 ,자신의 로봇에 맞게 수정하여야 합니다.

프로그램 응용 - 14

위 예제를 수정하여 왼쪽 벽이 없으면 오른쪽 벽을 따라 전진하는 프로그램으로 수정하십시오.

9.4 미로 구간 주행 함수 설명

미로를 빠져 나가기 위해서는 많은 경우가 생기므로, 각 경우에 따른 함수를 이용합니다. 아래에 미로를 각각의 경우에 대해 미로를 주행하는 함수를 설명하고 있습니다. 이를 적절히 이용하여 미로를 원하는 구간에서 빠져나갈 수 있습니다.

① 왼쪽과 오른쪽 벽 사이를 주행하는 함수

```
void miro_wall(전진속도, 이동시 보정 최대속도, 이동시 보정 최소속도, 전면 센서 감지 값, 왼쪽 센서 감지 값, 오른쪽 센서 감지 값);
```

- 이 함수는 왼쪽과 오른쪽 벽이 있을 경우 통과하는 함수입니다.

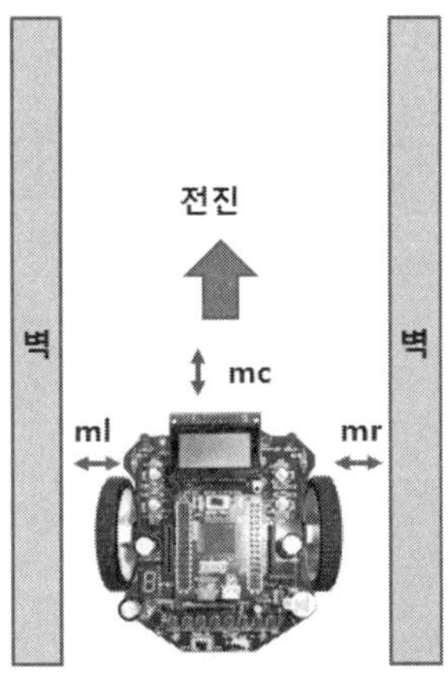

- 3조의 벽 감지 센서 (mc, ml, mr) 의 값을 읽습니다.
- 만약, mc 의 값이 "전면 센서 감지 값" 보다 크면, 즉 전면에 벽이 감지되면 멈추고, 함수를 끝냅니다.
- 만약, ml 또는 mr 의 값이 "왼쪽/오른쪽 센서 감지 값" 보다 작으면 왼쪽, 오른쪽 벽이 없는 경우이므로, 로봇을 멈추고, 함수를 끝냅니다.
- ml과 mr의 값이 벽을 감지하면, 아래 그림과 같은 속도로 로봇을 이동합니다.

- 전진속도, 이동시 보정 최대/최소 속도의 의미는 아래와 같습니다.

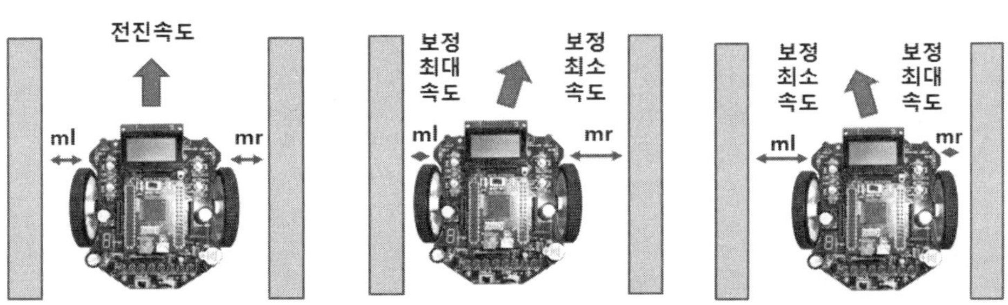

- 사용 예

miro_wall(255, 255, 80, 80, 60, 60);

전진속도 255, 이동시 최대 255, 최소 80의 속도로 동작하며, 앞쪽에 벽이 감지(센서 값 80이상)되거나, 왼쪽에 벽이 없거나(센서 값 60이하), 오른쪽에 벽이 없으면(센서 값 60이하) 정지하고, 함수를 빠져 나갑니다.

② 미로 내에서 무조건 일정시간 직진하는 함수

void miro_go(전진속도, 전진시간);

- 벽 감지 센서를 체크하지 않고, 무조건 정해진 전진시간만큼 전진속도로 로봇을 동작합니다.

- 사용 예

miro_go(255, 500);

전진속도 255로 500ms 동안 전진한 후, 정지합니다.

③ 앞쪽에 벽을 만날 때까지 무조건 전진하는 함수

void miro_go_until_c_wall(전진속도, 전면 벽 감지 센서 값);

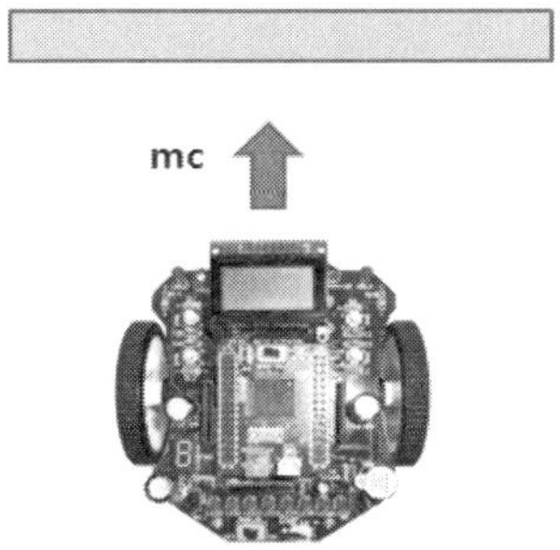

앞에 벽이 있을 때까지 전진

- 벽 감지 센서 값 mc가 "전면 벽 감지 센서 값" 보다 클 때까지 전진속도로 로봇을 동작합니다.

- 사용 예

```
miro_go_until_c_wall(255, 80);
```

벽감지 센서 mc가 80보다 클 때까지, 로봇을 255의 속도로 전진합니다.

④ 오른쪽 벽이 없어, 왼쪽 벽을 따라 전진하는 함수

void miro_l_wall(전진속도, 이동시 보정 최대속도, 이동시 보정 최소속도, 전면 센서 감지 값, 왼쪽 센서 감지 값, 오른쪽 센서 감지 값);

- 이 함수는 오른쪽 벽이 없을 때, 왼쪽 벽을 따라 전진하는 함수입니다.
- 기본적인 사용법은 miro_wall 함수와 같습니다.
- 앞쪽에 벽을 만나거나, 오른쪽에 벽이 있을 경우 로봇을 정지하고, 이 함수를 빠져나갑니다.

- 사용 예

```
miro_l_wall(255, 200, 50, 80, 100, 90);
```

왼쪽 벽까지의 거리를 100(ml=100)을 유지하여, 전진속도 255, 이동시 최대 200, 최소 50의 속도로 로봇이 이동을 하며, 전면에 벽을 만나거나(mc가 80이상), 오른쪽에서 벽을 만나면(mr이 90이상) 로봇을 정지하고 함수를 빠져나갑니다.

⑤ 왼쪽 벽이 없어, 오른쪽 벽을 따라 전진하는 함수

void miro_r_wall(전진속도, 이동시 보정 최대속도, 이동시 보정 최소속도, 전면 센서 감지 값, 왼쪽 센서 감지 값, 오른쪽 센서 감지 값);

- 이 함수는 왼쪽 벽이 없을 때, 오른쪽 벽을 따라 전진하는 함수입니다.
- 기본적인 사용법은 miro_l_wall 함수와 같습니다.
- 앞쪽에 벽을 만나거나, 왼쪽에 벽이 있을 경우 로봇을 정지하고, 이 함수를 빠져나갑니다.

⑥ 전면에 벽을 두고, 90도 제자리에서 좌회전하는 함수

void miro_turn_left(회전속도, 회전시간, 오른쪽 벽 감지 센서 값, 감지 후 회전시간);

- 전면에 벽이 있을 때, 로봇을 정지하고, 90도 제자리에서 좌회전하는 함수입니다.
- 보통, 전면에 벽이 있을 때까지 전진하는 miro_go_until_c_wall 함수와 같이 사용합니다.
- 동작 순서는 아래 그림과 같습니다.

일정 시간 제자리 좌회전 (회전시간)

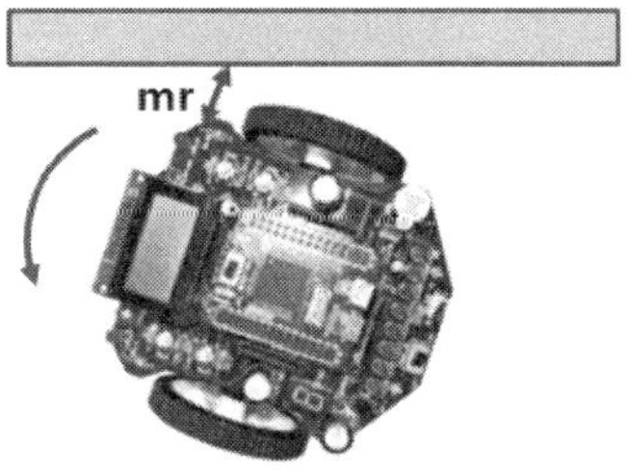

오른쪽 감지 센서 mr이 일정
값일 때까지 좌회전 계속

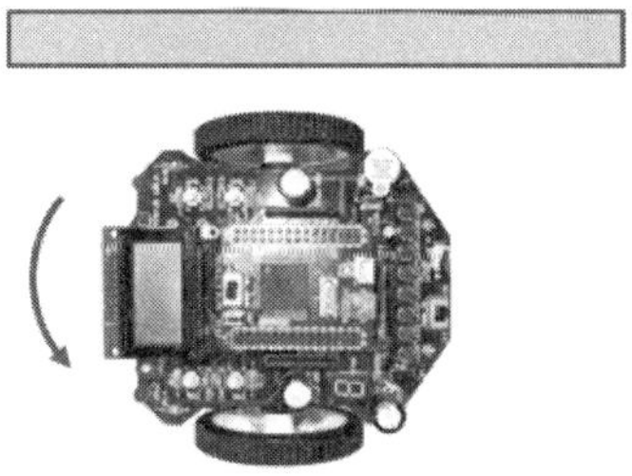

다시, 일정 시간 제자리 좌회전
(감지 후 회전시간)

- 사용 예

miro_turn_left(200, 200, 80, 150);

회전속도 200으로 200ms 동안 무조건 제자리 좌회전 한 후, 오른쪽 벽 감지 센서의 값이 80보다 클 때까지(오른쪽 벽에 가까이 감) 좌회전을 계속합니다. 그 다음, 150ms 동안 제자리 좌회전을 지속하고, 로봇을 정지합니다.

⑦ 전면에 벽을 두고, 90도 제자리에서 우회전하는 함수

void miro_turn_right(회전속도, 회전시간, 왼쪽 벽 감지 센서 값, 감지 후 회전시간);

- 전면에 벽이 있을 때, 로봇을 정지하고, 90도 제자리에서 우회전하는 함수입니다.
- 보통, 전면에 벽이 있을 때까지 전진하는 miro_go_until_c_wall 함수와 같이 사용합니다.
- 제자리 좌회전하는 miro_turn_left 함수와 같습니다.

⑧ 전면에 벽이 없을 때, 왼쪽을 중심으로 90도 전진 좌회전 하는 함수

void miro_go_turn_left(왼쪽 모터 속도, 오른쪽 모터속도, 왼쪽 벽 감지 센서 값, 오른쪽 벽 감지 센서 값);

- 전면과 왼쪽에 벽이 없을 때, 왼쪽으로 전진하면서 좌회전하는 함수입니다.

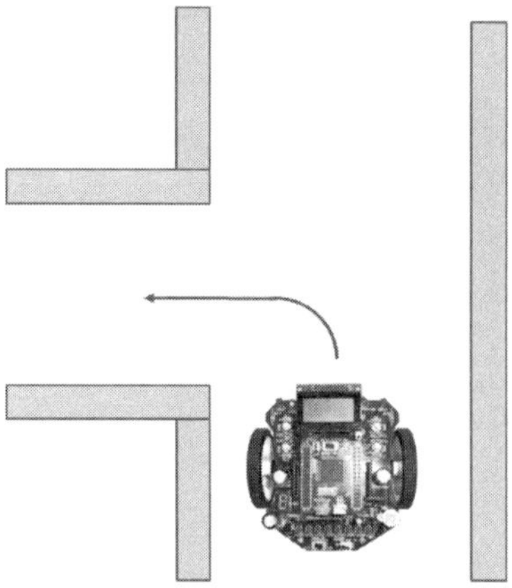

- 왼쪽과 오른쪽 벽을 따라 전진하는 miro_wall 함수와 사용합니다.
- 전진하면서 좌회전을 하기 때문에, 벽에 부딪히지 않도록, 왼쪽과 오른쪽 모터의 속도를 조절해야 합니다.
- 좌회전을 하면서, 왼쪽과 오른쪽 벽 감지 센서의 값을 체크하면서, 벽이 가까이 있으면 정지하고, 함수를 빠져 나갑니다.

- 동작하는 순서는 아래 그림과 같습니다.

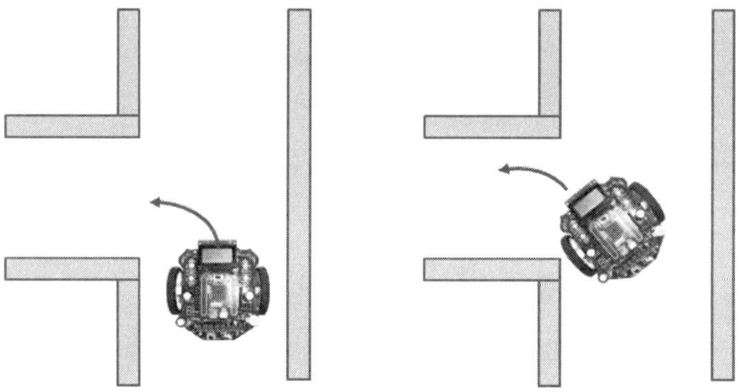

전진하면서 좌회전합니다.

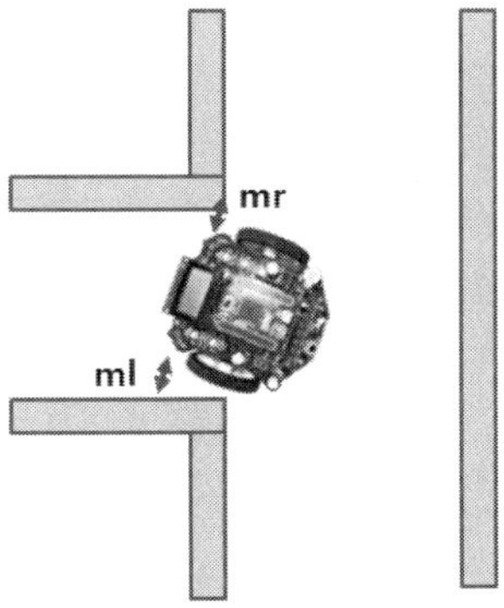

전진 좌회전하면서 왼쪽 벽 감지 센서 ml 과 오른쪽 벽 감지 센서 mr 을 체크하여 일정 값 이상이 되면 벽이 가까운 경우이므로, 정지합니다.

- 사용 예

```
miro_go_turn_left(100, 255, 100, 100);
```

왼쪽 모터는 100의 속도로, 오른쪽 모터는 255의 속도로 전진 좌회전하면서, 왼쪽과 오른쪽 벽 감지 센서가 100이면 (벽이 감지되면) 로봇을 정지하고, 함수를 빠져나갑니다.

⑨ 전면에 벽이 없을 때, 오른쪽을 중심으로 90도 전진 우회전 하는 함수

void miro_go_turn_right(왼쪽 모터 속도, 오른쪽 모터속도, 왼쪽 벽 감지 센서 값, 오른쪽 벽 감지 센서 값);

- 전면과 오른쪽에 벽이 없을 때, 오른쪽으로 전진하면서 우회전하는 함수입니다.
- 왼쪽과 오른쪽 벽을 따라 전진하는 miro_wall 함수와 사용합니다.
- 90도 전진 좌회전 하는 miro_go_turn_left와 같습니다.

위에서 설명한 함수들을 이용하여 아래 그림과 같은 미로를 이동하는 프로그램을 작성해 보도록 하겠습니다.

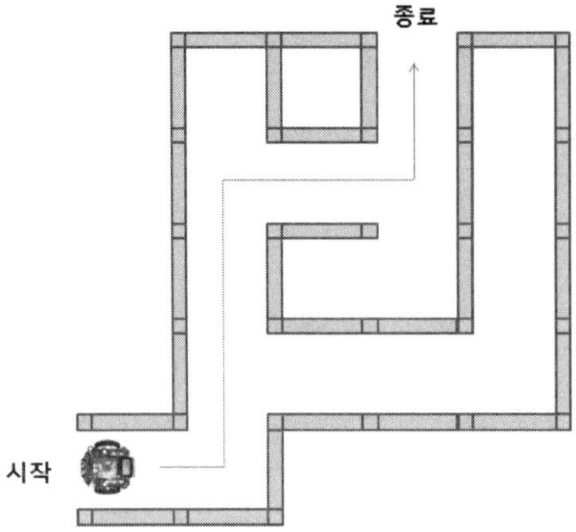

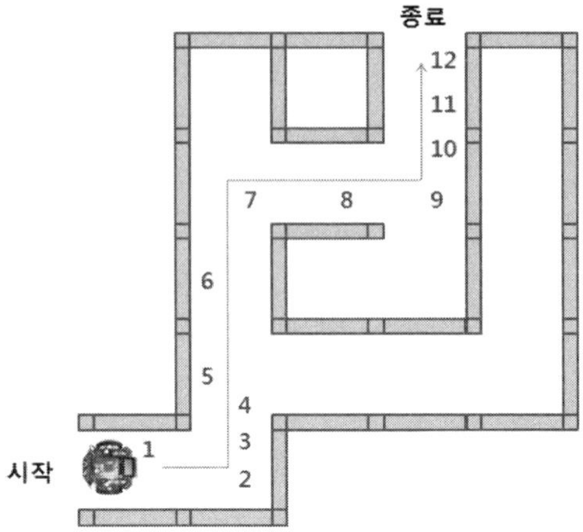

왼쪽 그림의 경로를 동작하기 위해서 필요한 구분 동작을 세부적으로 나누어, 로봇 동작을 어떻게 할것인지 오른쪽 그림과 같이 결정합니다. 세부적인 동작 순서는 다음과 같습니다.

1) 미로 왼쪽/오른쪽 벽을 따라 이동합니다. (miro_wall)
2) 앞쪽 벽을 만날 때까지 계속 전진합니다. (miro_go_until_c_wall)
3) 앞쪽 벽을 두고, 90도 좌회전합니다. (miro_turn_left)
4) 일정시간 무조건 직진합니다. (miro_go)
5) 오른쪽 벽이 없으므로, 왼쪽 벽을 따라 직진합니다. (miro_l_wall)
6) 미로 왼쪽/오른쪽 벽을 따라 이동합니다. (miro_wall)
7) 벽이 없는 오른쪽으로 전진 우회전합니다. (miro_go_turn_right)
8) 다시, 벽을 따라 전진합니다. (miro_wall)
9) 앞쪽 벽을 만날 때까지 계속 전진합니다. (miro_go_until_c_wall)
10) 앞쪽 벽을 두고, 90도 좌회전합니다. (miro_turn_left)
11) 일정시간 무조건 직진합니다. (miro_go)
12) 미로 왼쪽/오른쪽 벽을 따라 이동합니다. (miro_wall)
13) 종료합니다.

ex29.c 예제 프로그램

```
#include "wildcat.h"


int main(void)
```

```
{
    wildcat_start();

    miro_wall(255, 255, 80, 80, 60, 60);      // 1)
    miro_go_until_c_wall(255, 80);            // 2)
    miro_turn_left(200, 200, 80, 150);        // 3)
    miro_go(200, 500);                        // 4)
    miro_l_wall(255, 200, 50, 80, 100, 100);  // 5)
    miro_wall(255, 255, 80, 80, 80, 80);      // 6)
    miro_go_turn_right(255, 100, 100, 100);   // 7)
    miro_wall(255, 255, 80, 80, 60, 60);      // 8)
    miro_go_until_c_wall(255, 80);            // 9)
    miro_turn_left(200, 200, 80, 150);        // 10)
    miro_go(200, 500);                        // 11)
    miro_wall(255, 255, 80, 80, 60, 60);      // 12)

    buzzer(200);

    return 0;
}
```

※ 참고사항

- 위 예제에서 사용되는 숫자는 로봇의 조립 상태 및 주변 조명 환경, 배터리의 양에 따라 달라질 수 있습니다. 반드시, 자신의 로봇에 맞게 수정하여야 합니다.

프로그램 응용 - 15

아래 그림과 같이 미로 벽을 구성하고, 시작 위치에서 종료위치로 로봇이 이동하는 프로그램을 작성합니다. 이때, 가장 시간이 짧게 통과하는 것이 목표이며, 이동 경로는 원하는 대로 지정할 수 있습니다.

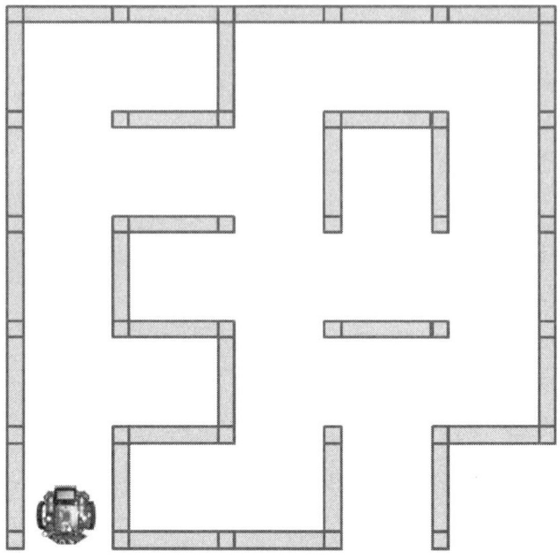

제 10 장 복합형 주행 프로그램

앞에서 바닥면에 그려진 라인을 따라가는 라인트레이서 기능과 미로 벽을 빠져 나가는 마이크로 마우스 기능에 대해 배웠습니다.

복합형 주행은 라인트레이서와 마이크로 마우스의 기능을 복합적으로 처리하여 주행하는 것을 말합니다. 이를 위해서는 라인감지를 먼저 하고, 라인이 감지되지 않으면, 벽을 감지하는 방법을 사용합니다.

아래 그림과 같이 미로벽과 라인으로 구성된 경기장을 만듭니다. 로봇이 시작위치에서 출발하여 라인과 미로 구간을 통과한 후, 다시 라인 구간의 종료 지점에서 멈추도록 프로그램해 보도록 하겠습니다.

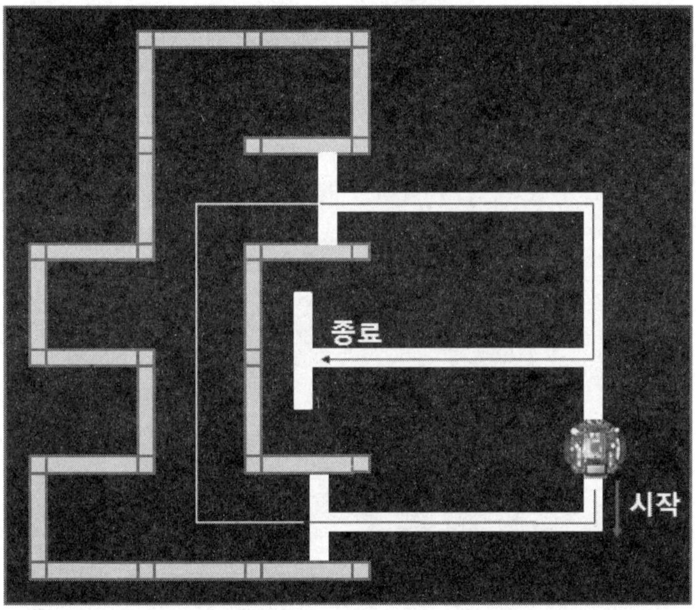

아래는 실제 경기장을 배치한 사진입니다. 경기장의 왼쪽 편에 미로 구간, 오른쪽 편에 라인 구간으로 구성되어 있습니다.

로봇의 이동 구간에 대해 로봇의 동작을 아래와 같이 나눕니다.

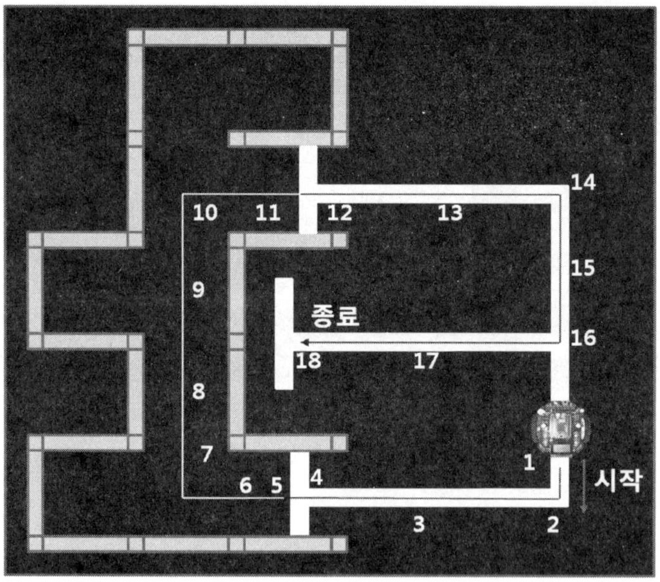

1) 분기점을 만날 때까지 라인트레이싱 전진 (line_tracing_until_cross)
2) 분기점에서 우회전 (cross_turn_right)
3) 다시, 분기점을 만날 때까지 라인트레이싱 전진 (line_tracing_until_cross)

4) 분기점에서 정지 (motor_break)
5) 로봇 자세를 잡기 위해 일정시간 미로 벽 중심 따라 이동(miro_wall_time)
6) 앞/좌/우 미로 센서를 감지하면서, 미로벽 이동 (miro_wall)
7) 로봇 우회전 (miro_go_turn_right)
8) 미로벽 따라 이동 (miro_wall)
9) 미로 왼쪽 벽이 없으므로, 오른쪽 벽을 따라 이동 (miro_r_wall)
10) 로봇 우회전 (miro_go_turn_right)
11) 바닥 라인 감지할 때까지 미로벽 따라 이동 (miro_wall_until_line)
12) 바닥 라인 감지되면 일정 시간 무조건 전진 (cross_go)
13) 라인트레이싱으로 분기점까지 이동 (line_tracing_until_cross)
14) 분기점에서 우회전 (cross_turn_right)
15) 다시 라인트레이싱으로 분기점까지 이동 (line_tracing_until_cross)
16) 분기점에서 우회전 (cross_turn_right)
17) 다시 라인트레이싱으로 분기점까지 이동 (line_tracing_until_cross)
18) 분기점 만나면 정지 (motor_break)

ex30.c 예제 프로그램

```
#include "wildcat.h"

int main(void)
{
    wildcat_start();
    line_color = LINE_WHITE;

    line_tracing_until_cross();              // 1)
    cross_turn_right(300);                   // 2)

    line_tracing_until_cross();              // 3)
    motor_break();                           // 4)
    delay_ms(200);

    buzzer(200);
```

```
    miro_wall_time(200, 200, 100, 300);          // 5)
    miro_wall(200, 200, 100, 200, 60, 60);       // 6)
    miro_go_turn_right(255, 100, 200, 200);      // 7)
    miro_wall(200, 200, 100, 200, 60, 60);       // 8)
    miro_r_wall(200, 200, 100, 200, 100, 100);   // 9)
    miro_go_turn_right(255, 100, 200, 200);      // 10)
    miro_wall_until_line(150, 150, 100);         // 11)

    cross_go(300);                               // 12)

    line_tracing_until_cross();                  // 13)
    cross_turn_right(300);                       // 14)

    line_tracing_until_cross();                  // 15)
    cross_turn_right(300);                       // 16)

    line_tracing_until_cross();                  // 17)
    motor_break();                               // 18)

    buzzer(200);

    return 0;
}
```

※ 참고사항

- 로봇 동작을 위한 각종 함수들은 "설치된 프로그램 경로 \wildcat\wildcat.h" 에 들어 있습니다.
- 함수 등의 수정이나, 추가 등은 편집 프로그램을 이용하여 가능합니다.
- 사용자가 원하는 함수를 만들어 직접 구동해 보시기 바랍니다.

PART Ⅳ

uC/OS-Ⅱ 실시간 프로그래밍

제 1 장 실시간 운영체제

실시간 시스템(Real-Time System)이란 정해진 시간 내에 원하는 작업을 정확히 끝마치는 시스템을 말하며, 이러한 실시간 시스템에는 실시간 운영체제 (RTOS; Real-Time Operation System)가 사용되고 있습니다.
실시간 운영체제에는 다음의 5가지 조건을 만족해야 합니다.

① 동시에 여러 작업을 수행할 수 있는 멀티 쓰레드(Multi-thread)를 지원하여야 한다.
② 운영체제가 모든 작업을 제어할 수 있는 선점형 이어야 한다.
③ 각 쓰레드간의 우선 순위가 보장되어야 한다.
④ 각 쓰레드 간에 동기화를 지원해야 한다.
⑤ 운영체제가 시간적인 측면에서 명확히 동작하여야 한다.

현재 많이 사용되고 있는 RTOS에는 LynxOS, VxWorks, QNX 등이 있습니다. 이러한 RTOS는 중/대형 규모의 시스템에 탑재되어, 우리가 사용하고 있는 로봇에는 적용하기 힘듭니다.
이렇게 소형의 마이크로컨트롤러 시스템에 적용할 수 있는 RTOS에는 여기에서 배우게 될 uC/OS-II, USN(유비쿼터스 센서 네트워크)에 사용되는 TinyOS가 있습니다. 이제 uC/OS-II에 대해서 알아보도록 하겠습니다.

1.1 uC/OS-II의 소개

uC/OS는 1992년 Jean J. Labrosse가 개발한 소형의 마이크로 컨트롤러에 탑재 가능한 실시간 운영체제입니다. 현재 많은 마이크로 컨트롤러와 프로세서 등을 지원하고 있으며, 커널(운영체제의 핵심 기능)이 모두 공개 되어 있어 학교나 개인의 교육 목적으로는 자유로이 사용이 가능합니다. 공식 홈페이지는 http://www.ucos-ii.com 이며, 자세한 설명과 자료를 다운로드 받을 수 있습니다.

1.2 uC/OS-II의 특징

실시간 운영체제인 uC/OS-II 의 특징을 요약해 보면 다음과 같습니다.

① 운영체제 커널 코드의 대부분이 이식 가능한 ANSI C를 기반으로 작성되어, 많은 종류의 마이크로 컨트롤러, 프로세서에 적용된다. (일부 하드웨어에 밀접한 부분은 어셈블러로 코딩되어 있음)
② 적용되는 하드웨어에 해당되는 C 컴파일러, 어셈블러, 링커, 로더가 필요하며, 설정이나 응용프로그램에 따라 메모리의 크기를 자유로이 결정할 수 있다.
③ 우선 순위에 따라 작업의 수행이 결정되며, 높은 우선 순위 작업이 먼저 수행된다.
④ 실시간으로 빠른 응답성을 갖는다.
⑤ 여러 작업을 동시 수행하는 멀티 태스킹 구조를 가지고 있으며, 독자적 우선순위를 갖는 64개의 태스크가 가능하다.
⑥ 운영체제의 크기가 작아 소형의 시스템에 적용이 가능하다.
⑦ 스택체크, 처리시간 체크, Mailbox, Queue, Semaphore, Memory partition 등의 실시간 시스템 서비스를 제공한다.
⑧ 선점형 운영체제로 태스크의 수행을 일시 중지하거나 재개가 가능하다.
⑨ 255 레벨까지의 인터럽트 중첩이 가능하다. (Interrupt Nesting)

1.3 uC/OS-II의 파일 구조

uC/OS-II 는 여러 개의 파일로 구성되어 있으며, 크게 3가지로 구분됩니다.

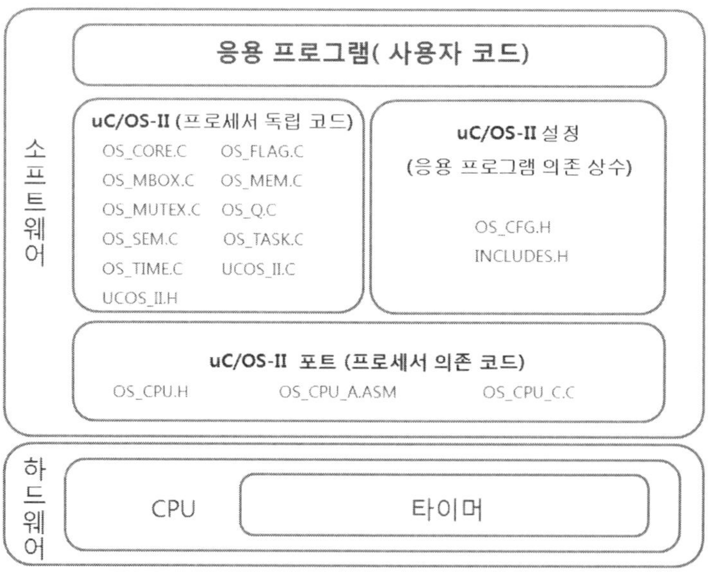

- uC/OS-II 포트 (프로세서 의존 코드) : uC/OS-II 운영체제가 동작하게 되는 하드웨어에 의존하는 파일들입니다. 이 파일들은 사용하는 하드웨어에 따라 수정하여 사용합니다.

- uC/OS-II (프로세서 독립 코드) : uC/OS-II 운영체제의 실시간 동작과 관련된 코어부분과 태스크 관리, 그리고 기타 운영체제 기본 파일들로 구성되어 있습니다.

- uC/OS-II 설정 : uC/OS-II 운영체제의 설정에 관련된 헤더 파일로 구성되어 있습니다.

제 2 장 uC/OS-II 시작하기

로봇에는 AVR계열인 ATmega128 프로세서가 탑재되어 있으며, 오주스튜디오에는 ATmega128 프로세서에 맞게 uC/OS-II 가 포팅되어 있습니다. (오주스튜디오 v1.5 이상 사용)

이번 장을 통하여 uC/OS-II 운영체제를 사용하는 방법에 대해서 알아보도록 하겠습니다.

2.1 오주스튜디오의 설정

① 로봇에서 uC/OS-II 운영체제를 포함한 실시간 프로그램을 작성하기 위해서는 왼쪽 "프로젝트" 탭에서 모델명을 "Wildcat-uCOSii" 로 바꾸어줍니다.

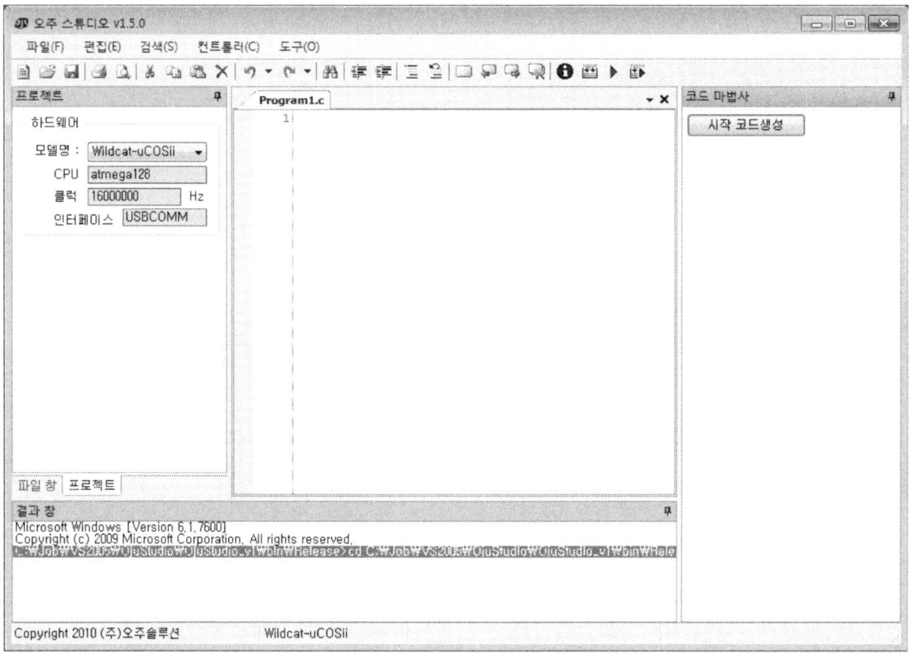

② 오른쪽 "코드 마법사" 에서 <시작 코드 생성>을 클릭하면, 편집 창에 uC/OS-II 프로그램의 기본 형식이 나타납니다.

```
#include "wilducos.h"

// 사용자 작성 태스크 함수들

// 태스크 1
void Task1(void *data)
{
  data = data;

  while(1) {
    OS_ENTER_CRITICAL();
    // 동작 프로그램 작성 (I/O 제어)
    OS_EXIT_CRITICAL();
    // 일반 프로그램 작성
    OSTimeDly(OS_TICKS_PER_SEC / 5);
  }
}

// 태스크 시작 함수
void TaskStart (void *data)
{
  data = data;

  // Ticker 설정 및 초기화
  OS_ENTER_CRITICAL();
  TCCR0=TCCR0VAL;
  TIMSK=_BV(TOIE0);
  TCNT0=256-(CPU_CLOCK_HZ/OS_TICKS_PER_SEC/1024);
  AvrInit2();
  wildcat_start();
  OS_EXIT_CRITICAL();

  // uC/OS-II Stastatistics 초기화
  OSStatInit();
```

```
  // 사용자 작성 태스크 함수 설정
  OSTaskCreate(Task1,0,(void*)&TaskStk[1]_
    [TASK_STK_SIZE - 1], 1);

  while(1) {
    // 일반 프로그램 작성
    OSTimeDly(OS_TICKS_PER_SEC / 10);
  }
}

// MAIN 함수
int main (void)
{
  // 초기 설정
  AvrInit();
  OSInit();

  // 태스크 시작 함수 생성
  OSTaskCreate(TaskStart, (void *)0,_
 (void *)&TaskStartStk[TASK_STK_SIZE - 1], 0);

  // 태스크 시작
  OSStart();
  return 0;
}
```

2.2 uC/OS-II를 위한 기본 프로그램

위의 기본 프로그램은 주 실행 함수인 main, uC/OS-II 의 태스크 시작 함수인 TaskStart 그리고 사용자 정의 태스크 함수인 Task1으로 이루어져 있습니다.

① int main(void) 함수

a. AvrInit(); : uC/OS-II 운영체제를 사용하려는 AVR 프로세서인 ATmega128에 대한 하드웨어 초기화를 실행합니다.
b. OSInit(); : uC/OS-II 운영체제를 초기화합니다.
c. OSTaskCreate(TaskStart...); : 태스크 시작 함수인 TaskStart 함수를 태스크로 생성합니다.
d. OSStart(); : uC/OS-II 운영체제를 시작합니다.

```
int main (void)
{
  // 초기 설정
  AvrInit();                          // ← a
  OSInit();                           // ← b

  // 태스크 시작 함수 생성
  OSTaskCreate(TaskStart, (void *)0,_
 (void *)&TaskStartStk[TASK_STK_SIZE - 1], 0);        // ← c

  // 태스크 시작
  OSStart();                          // ← d
  return 0;
}
```

위 main 함수는 uC/OS-II 운영체제를 사용할 때 수정할 부분이 없이 그대로 프로그램합니다. 즉, 사용자가 태스크를 이용해서 작성할 부분은 태스크 시작 함수인 TaskStart 와 Task로 시작하는 사용자 태스크 함수입니다.

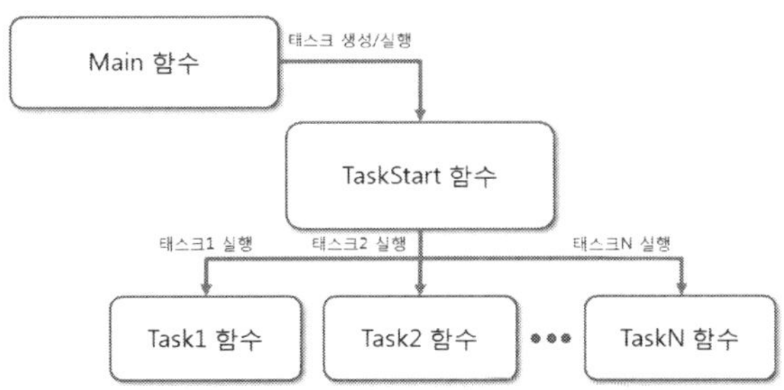

② void TaskStart (void *data) 함수

a. 이 부분은 보호영역(Critical Section)입니다. 이 보호영역은 다른 태스크에 의해 간섭이 일어날 소지가 있어 보호되어야 하는 영역을 말하며, OS_ENTER_CRITIAL 함수와 OS_EXIT_CRITICAL 함수로 영역을 구분합니다.

보호영역의 내용은 타이머 인터럽트의 설정, 로봇 하드웨어의 초기화 프로그램으로 되어 있습니다.

b. OSStatInit 함수는 태스크가 실행되지 않을 때 mC/OS-II가 32비트 카운터의 최대값을 결정하도록 해 줍니다. 이 함수는 태스크가 한 개만 생성되어 멀티태스킹이 시작되었을 때 호출되어야 하며, 생성된 태스크 내에서 가장 먼저 호출되어야 합니다.

c. OSTaskCreate 함수를 이용하여 사용자가 작성한 태스크 함수(Task1, Task2, ... TaskN)를 생성하고, 태스크를 실행합니다.

※ OSTaskCreate 함수 설명

```
INT8U OSTaskCreate(void (*task)(void *pd), void *pdata,
 OS_STK *ptos, INT8U prio);
```

- task : 태스크의 시작점을 지시하는 함수 포인터.
- pdata : 태스크가 생성될 때 태스크가 필요로 하는 전달인자를 저장하고 있는 저장영역의 선택적 포인터.
- ptos : 태스크 스택의 시작점을 가리키는 포인터. 스택은 지역변수, 함수 호출용 전달인자, 복귀번지, 인터럽트 발생 시 레지스터 저장을 위한 영역으로 사용되며, 스택의 크기는 태스크 자체에서 필요한 크기와 중첩된 인터럽트를 처리할 수 있는 크기 등을 고려해서 결정됩니다.
- prio : 태스크의 우선순위. 각 태스크에 대해 고유한 우선순위가 배정되어야 하며 수치가 낮을수록 높은 우선순위를 의미합니다.

d. TaskStart 함수도 태스크 함수이며, 일반적으로 무한 루프 구조인 while(1) { ... } 로 작성합니다. 이 때, 무한 루프 구조 안에는 uC/OS-II의 시간 지연 함수가 포함되어야 다른 태스크도 동시에 수행(멀티 태스킹) 가능합니다. 시간 지연 함수인 OSTimeDly 함수는 지정한 틱(Tick) 간격 만큼 태스크를 대기 상태(Wait)가 되었다가 다시 준비(Ready) 상태가 되어, uC/OS-II 에 의해 스케줄링(Scheduling) 되고 태스크 수행이 계속 진행됩니다.

※ uC/OS-II 의 용어 설명

- 틱(Tick) : 스케쥴링의 주기를 Tick 이라고 하며, 타이머 인터럽트로 설정합니다.
- 스케줄링(Scheduling) : 실시간 운영체제의 핵심 부분으로 다음에 실행할 태스크를 결정합니다.

```
void TaskStart (void *data)
{
  data = data;

  // Ticker 설정 및 초기화                    // ← a
  OS_ENTER_CRITICAL();
  TCCR0=TCCR0VAL;
  TIMSK=_BV(TOIE0);
  TCNT0=256-(CPU_CLOCK_HZ/OS_TICKS_PER_SEC/1024);
  AvrInit2();
  wildcat_start();
  OS_EXIT_CRITICAL();

  // uC/OS-II Stastatistics 초기화       //  ← b
  OSStatInit();

  // 사용자 작성 태스크 함수 설정
  OSTaskCreate(Task1,0,(void*)&TaskStk[1]_
    [TASK_STK_SIZE - 1], 1);             // ← C
```

```
  while(1) {                              // ← d
    // 일반 프로그램 작성
    OSTimeDly(OS_TICKS_PER_SEC / 10);
  }
}
```

uC/OS-II 운영체제에서 현재 태스크를 대기 상태(Wait)로 바꾸는 함수는 OSTimeDly 함수 외에도 OSTimeDlyHMSM 함수가 있습니다.

※ OSTimeDlyHMSM 함수 설명

INT8U OSTimeDlyHMSM (INT8U hours, INT8U minutes,
  INT8U seconds, INT16U milli);

- 이 함수는 현재 실행되고 있는 태스크의 실행을 일정 시간이 만료될 때까지 지연하고자 호출합니다. 이 함수는 클럭 틱 개수 대신 시간, 분, 초 , 밀리 초 단위로 시간을 설정할 수 있습니다.
- hours : 지연하고자 하는 시간. 0부터 255 사이의 값
- minutes : 지연하고자 하는 분 단위 시간. 0부터 59 사이의 값
- seconds : 지연하고자 하는 초 단위 시간. 0부터 59 사이의 값
- milli : 지연하고자 하는 밀리 초 단위 시간. 0부터 999 사이의 값

③ void Task1(void *data) 함수

a. 사용자의 태스크를 작성할 때는 일반적으로 무한 루프를 사용하여 작성하게 됩니다.
b. 하드웨어의 제어 (포트 입출력 등)를 프로그램 할 때는 보호 영역 내에서 작성하여야, 다른 태스크 의해서 발생하는 하드웨어 충돌을 방지할 수 있습니다.
c. 태스크 동작 문인 무한 루프 안에는 다른 태스크의 실행을 위해, 현재 태스크를 일정 시간 대기 상태(Wait)로 만드는 OSTimeDly 또는 OSTimeDlyHMSM를 사용합니다.

```
void Task1(void *data)
{
  data = data;

  while(1) {                                    // ← a
    OS_ENTER_CRITICAL();                        // ← b
    // 동작 프로그램 작성 (I/O 제어)
    OS_EXIT_CRITICAL();
    // 일반 프로그램 작성
    OSTimeDly(OS_TICKS_PER_SEC / 5);            // ← c
  }
}
```

2.3 uC/OS-II를 이용하여 LED 깜빡이기

로봇의 LED0과 LED1을 각각 태스크를 작성하여, LED0은 1초마다 한번 깜빡이고, LED1은 1초마다 5번 깜빡이는 프로그램을 작성해 보도록 하겠습니다. 오주스튜디오의 "시작 코드 생성"을 클릭하여 생성되는 기본 프로그램에 아래 프로그램을 수정하여 넣습니다.

ucos1.c 예제 프로그램

```
#include "wilducos.h"

// 태스크 1
void Task1(void *data)
{
   data = data;

   while(1) {
      OS_ENTER_CRITICAL();
      // 동작 프로그램 작성 (I/O 제어)
      led_toggle(0);
      OS_EXIT_CRITICAL();
      OSTimeDly(OS_TICKS_PER_SEC / 2);
   }
```

```
}

// 태스크 2
void Task2(void *data)
{
   data = data;

   while(1) {
      OS_ENTER_CRITICAL();
      // 동작 프로그램 작성 (I/O 제어)
      led_toggle(1);
      OS_EXIT_CRITICAL();
      OSTimeDly(OS_TICKS_PER_SEC / 10);
   }
}

// 태스크 시작 함수
void TaskStart (void *data)
{
   data = data;

   // Ticker 설정 및 초기화
   OS_ENTER_CRITICAL();
   TCCR0=TCCR0VAL;
   TIMSK=_BV(TOIE0);
   TCNT0=256-(CPU_CLOCK_HZ/OS_TICKS_PER_SEC/1024);
   AvrInit2();
   wildcat_start();
   OS_EXIT_CRITICAL();

   // uC/OS-II Stastatistics 초기화
   OSStatInit();

   // 사용자 작성 태스크 함수 설정
   OSTaskCreate(Task1,0,(void*)&TaskStk[1][TASK_STK_SIZE - 1], 1);
   OSTaskCreate(Task2,0,(void*)&TaskStk[2][TASK_STK_SIZE - 1], 2);

   while(1) {
```

```
        // 일반 프로그램 작성
        OSTimeDly(OS_TICKS_PER_SEC / 10);
    }
}

// MAIN 함수
int main (void)
{
    // 초기 설정
    AvrInit();
    OSInit();

    // 태스크 시작 함수 생성
    OSTaskCreate(TaskStart, (void *)0,_
      (void *)&TaskStartStk[TASK_STK_SIZE - 1], 0);

    // 태스크 시작
    OSStart();
    return 0;
}
```

로봇에 다운로드하여 실행하여 보면, 각기 다르게 동작하는 LED0, LED1을 볼 수 있습니다. 즉, uC/OS-II에 의해 각 LED에 대한 태스크가 실행되어짐을 확인합니다.

프로그램 응용 - 1

위 ucos1.c 프로그램을 수정하여 FND에 1초마다 숫자를 업 카운트 하는 태스크를 하나 더 생성하여 동작하여 봅니다. (ucos2.c)

제 3 장 uC/OS-II 프로그래밍

앞서 2장에서 uC/OS-II 의 기본 프로그램을 토대로 2개의 태스크를 만들어 LED 또는 FND를 동작시켜보았습니다. 이와 비슷한 방법으로 태스크를 여러 개 만들어 동시에 실행하는 방법은 어렵지 않게 작성이 가능합니다.

여기에서는 실시간 운영체제인 uC/OS-II를 더 깊게 이해할 수 있는 예제와 더불어 로봇 동작 방법에 대해서 알아보도록 합니다.

3.1 눌린 스위치의 값을 FND에 표시

사용자가 로봇의 SW0~SW3 까지의 스위치를 누르면, 이를 FND에 숫자로 표시합니다. 이 때는 2개의 태스크를 생성합니다.

① 스위치를 감시하는 태스크(Task1)
 - 무한 루프 상에서 스위치의 눌림을 감시하여 눌린 값을 전역 변수인 s 에 저장합니다.

② FND에 출력하는 태스크(Task2)
 - 무한 루프 상에서 전역 변수인 s의 값에 따라 FND에 숫자를 출력합니다.

이렇게 태스크 간의 데이터 교환은 전역 변수를 이용하면 편리합니다.

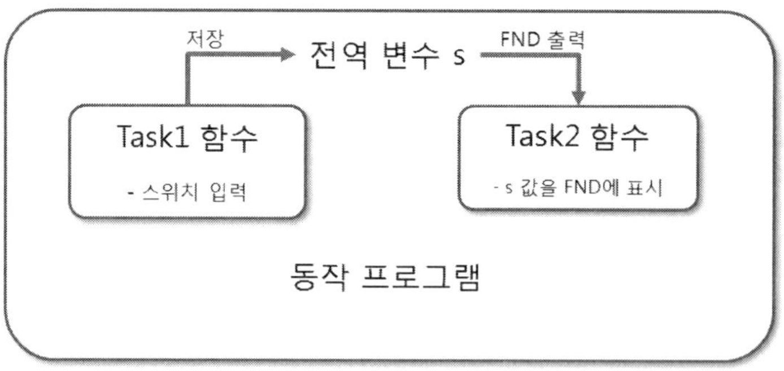

동작 프로그램은 다음과 같습니다.

ucos3.c 예제 프로그램

```
#include "wilducos.h"

// 전역변수 s 선언
u08 s=0;

// 사용자 작성 태스크 함수들
// 태스크 1
void Task1(void *data)
{
   data = data;

   while(1) {
      OS_ENTER_CRITICAL();
      s = sw();                    // 스위치 값을 입력받아 s 에 저장
      OS_EXIT_CRITICAL();
      OSTimeDlyHMSM(0,0,0,50); // 50ms 지연
   }
}

// 태스크 2
void Task2(void *data)
{
   data = data;

   while(1) {
      OS_ENTER_CRITICAL();
      // s 값에 따라 FND 출력
      switch(s){
         case SW0:
           fnd(0, OFF);
           break;
         case SW1:
           fnd(1, OFF);
           break;
         case SW2:
```

```
          fnd(2, OFF);
           break;
        case SW3:
          fnd(3, OFF);
          break;
        default:
          fnd_off();
      }
      OS_EXIT_CRITICAL();
      OSTimeDly(OS_TICKS_PER_SEC / 10);
  }
}

// 태스크 시작 함수
void TaskStart (void *data)
{
  // 아래 표기된 부분만 다르고, 나머지는 기본 프로그램 참조
  // ....
  // 사용자 작성 태스크 함수 설정
  OSTaskCreate(Task1,0,(void*)&TaskStk[1][TASK_STK_SIZE - 1], 1);
  OSTaskCreate(Task2,0,(void*)&TaskStk[2][TASK_STK_SIZE - 1], 2);
  // ....
}

// MAIN 함수
int main (void)
{
  // ...
  // 기본 프로그램 참조
  // ...
}
```

3.2 uC/OS-II의 세마포어(Semaphore)

실시간 운영체제에서 자원(Resource)은 각 태스크에 의해 공유될 수 있습니다. 이러한 자원을 공유 자원(Shared Resource)라고 하며, 공유 자원을 사용할 때는 주의할 점이 있습니다. 즉, 한 태스크가 공유 자원을 사용 중일 때는 일정 시간 후 다른 태스크에게 제어권이 넘어가더라도 공유 자원이 함께 사용되는 것을 막아주어야 합니다. 그렇지 못할 경우에는 전혀 엉뚱한 결과나 동작을 하게 됩니다. 이러한 방법을 상호 배제(Mutual Exclusion)라고 하고, 세마포어(Semaphore)를 사용합니다.

세마포어는 공유 자원을 사용하기 전에 공유 자원에 대한 플래그(Flag)가 "1" 인지 체크하여, "1" 이면 플래그를 "0" 으로 하고 공유 자원을 사용하며, "0" 이면 다른 태스크가 이미 공유 자원을 사용하고 있는 것으로 인식하여 플래그가 "1" 이 될 때까지 대기합니다.

① 세마포어를 사용하기 위한 함수

- OS_EVENT *OSSemCreate(WORD value);

OSSemCreate()은 세마포어를 생성하고 초기화합니다. 여기서 value는 세마포어의 초기값으로 이 값은 0에서 65535까지의 범위를 갖습니다. 세마포어로 할당된 이벤트 컨트롤 블록에 대한 포인터를 리턴합니다.

- void OSSemPend(OS_EVENT *pevent, INT16U timeout, INT8U *err);

OSSemPend()는 태스크가 자원에 대한 배타적 액세스를 얻고자 할 때 사용됩니다. 태스크가 OSSemPend()를 호출하고 세마포어의 값이 0보다 크면 OSSemPend()는 세마포어의 카운터를 감소시키고 호출자로 리턴하며, 세마포어의 값이 0이라면 OSSemPend()는 호출 태스크를 세마포어의 대기 리스트에 올려 놓아 세마포어의 값이 0보다 클 때까지 기다립니다.

여기서 pevent 는 세마포어에 대한 포인터를 말하여, timeout 은 세마포어가 일정 시간동안 신호를 받지 못할 경우 태스크를 재실행 할 수 있도록 해 주는 타임아웃 값을 설정합니다. timeout의 값이 0으로 지정된 경우는 태스크가 신호를 받을 때 까지 계속 기다리는 것을 의미한다. 타임아웃의 최대 값은 65535 클럭 틱입니다. err 는 에러 코드가 저장될 변수에 대한 포인터입니다.

- INT8U OSSemPost(OS_EVENT *pevent);

OSSemPost()는 세마포어로 신호를 보내기 위해 사용합니다. 세마포어의 값이 0보다 크거나 같다면 그 값은 증가되고, OSSemPost()는 호출자로 리턴합니다. 만약 세마포어를 기다리고 있는 태스크가 있다면 OSSemPost()는 그 태스크 중 최상위 우선순위 태스크를 세마포어의 대기 리스트에서 제거하고 실행가능 상태로 만듭니다. pevent는 세마포어에 대한 포인터를 말합니다.

② 세마포어 프로그램

FND를 공유 자원으로 각기 실행되는 태스크 사이에서 FND를 공유하기 위해 세마포어를 사용하는 예제는 ucos4.c 와 같습니다. 세마포어를 사용해서 FND를 사용하는 태스크는 동작을 보장받을 수 있으며, 대기 중인 태스크는 FND를 사용할 때까지 기다립니다.

아래의 예제는 태스크1(Task1)은 FND에 1초마다 증가하는 숫자를 출력하고, 태스크2(Task2)는 FND의 점(dot)를 1초마다 깜빡입니다.

ucos4.c 예제 프로그램

```
#include "wilducos.h"

u08 i=0// FND에 출력할 숫자 변수
OS_EVENT *fnd_sem;// FND 세마포어

// 사용자 작성 태스크 함수들
// 태스크 1
void Task1(void *data)
{
   INT8U err;
   data = data;

   while(1) {
      OSSemPend(fnd_sem, 0, &err);
      // FND에 숫자 출력 (dot 표시)
      fnd(i, ON);
      OSSemPost(fnd_sem);
      i=i++;
```

```
      if (i>9) i=0;
      OSTimeDly(OS_TICKS_PER_SEC);
   }
}

// 태스크 2
void Task2(void *data)
{
   INT8U err;
   data = data;

   while(1) {
      // 0.5초 후에
      OSTimeDly(OS_TICKS_PER_SEC/2);
      OSSemPend(fnd_sem, 0, &err);
      // FND의 점(dot)를 OFF함
      sbit(FND_PORT, 7);
      OSSemPost(fnd_sem);
      OSTimeDly(OS_TICKS_PER_SEC/2);
   }
}

// 태스크 시작 함수
void TaskStart (void *data)
{
   // 아래 표기된 부분만 다르고, 나머지는 기본 프로그램 참조
   // ....
   // 사용자 작성 태스크 함수 설정
   OSTaskCreate(Task1,0,(void*)&TaskStk[1][TASK_STK_SIZE - 1], 1);
   OSTaskCreate(Task2,0,(void*)&TaskStk[2][TASK_STK_SIZE - 1], 2);
   // FND 자원에 대한 세마포어 생성
   fnd_sem = OSSemCreate(1);
   // ....
}

// MAIN 함수
int main (void)
{
```

```
    // ...
    // 기본 프로그램 참조
    // ...
}
```

세마포어는 공유 자원에 대한 권리를 보장하기 위해 사용되기 때문에, 어떤 경우에는 최우선 순위의 태스크가 우선 순위에서 밀려 실행될 수 있습니다. 이런 경우를 "우선순위 역전 (Priority Inversion) 현상"이라고 합니다.
이러한 경우를 대비하여 세마포어와 같은 개념으로 동작하는 뮤텍스(Mutex)가 있습니다. 뮤텍스는 1개의 공유 자원에 대해 플래그를 0 또는 1의 값을 갖습니다. 뮤텍스 관련 함수는 세마포어와 흡사합니다.

- OS_EVENT* OSMutexCreate(INT8U prio, INT8U* err)
- INT8U OSMutexPost(OS_EVENT* pevent)
- void OSMutexPend(OS_EVENT* pevent, INT16U timeout, INT8U *err)

이 있습니다.

※ 세마포어(Semaphore)와 뮤텍스(Mutex)

- 세마포어와 뮤텍스는 실시간 운영체제에서 중요한 부분입니다. 여러개의 태스크가 동작 중일 때 공유 자원을 어떻게 보호하느냐에 따라 시스템이 정상적인 동작을 할 수도 있고, 오류가 나타나기도 합니다.
- 더 자세한 사용 방법을 알려면 "uC/OS-II" 책을 구입하여 읽어보기 바랍니다.

3.3 uC/OS-II의 태스크 동기화(Task Synchronization)

실시간 운영체제에서의 태스크는 각기 독립적으로 동작을 하지만, 서로 간에 유기적인 관계를 가지고 있습니다.
예를 들어 로봇의 스위치가 눌리는 순간 부저가 울린다고 가정을 하면, 2개의 태스크를 사용하여 한 개는 스위치를 입력받는 태스크, 다른 하나는 부저를 울리는 태스크를 실행하고, 서로 태스크의 동기화(Synchronization) 방법을 사용하면 됩니다.
동기화를 위한 이벤트 플래그(Flag)의 사용 방법은 세마포어 사용 방법과 같으며, 다음 함수들을 사용합니다.

① OS_FLAG_GRP *OSFlagCreate(OS_FLAGS flags, INT8U *err);
: 이벤트 플래그 생성합니다.
② OS_FLAGS OSFlagPend(OS_FLAG_GRP *pgrp, OS_FLAGS flags, INT8U wait_type, INT16U timeout, INT8U *err);
: 이벤트 플래그 대기합니다.
③ OS_FLAGS OSFlagPost(OS_FLAG_GRP *pgrp, OS_FLAGS flags, INT8U operation, INT8U *err);
: 이벤트 플래그를 SET 또는 CLEAR 합니다.

아래 예제는 로봇의 SW0-SW3중에서 하나의 스위치가 눌리면 부저에서 소리를 내는 프로그램이며, 이벤트 플래그를 사용하여 태스크 동기화한 예입니다.

ucos5.c 예제 프로그램

```
#include "wilducos.h"

u08 s=0// 스위치 입력 변수
OS_FLAG_GRP *sound_sync;// 소리를 위한 동기화 플래그 선언

// 사용자 작성 태스크 함수들
// 태스크 1
void Task1(void *data)
{
   INT8U err;
   data = data;
```

```
  while(1) {
    OS_ENTER_CRITICAL();
    // 스위치 값을 입력받아 s 에 저장
    s = sw();
    OS_EXIT_CRITICAL();
    // 스위치가 눌리면 동기화 플래그를 설정(SET)
    if (s>0) {
      OSFlagPost(sound_sync, 0x01, OS_FLAG_SET, &err);
      OSTimeDlyHMSM(0,0,0,50);
    } else {
      OSTimeDlyHMSM(0,0,0,10);
    }
  }
}

// 부저 소리내는 함수
void bz_sound(void)
{
  buzzer_on();
  OSTimeDlyHMSM(0,0,0,100);
  buzzer_off();
}

// 태스크 2
void Task2(void *data)
{
  INT8U err;
  data = data;

  // 동기화 플래그가 설정되어 있는지, 항상 감시하다가
  // 플래그가 설정되어 있으면 소리를 내고, 플래그는 CLEAR
  while(1) {
    OSFlagPend(sound_sync, 0x01,_
    OS_FLAG_WAIT_SET_ANY+OS_FLAG_CONSUME,0, &err);
    bz_sound();
  }
}
```

```
// 태스크 시작 함수
void TaskStart (void *data)
{
   // 아래 표기된 부분만 다르고, 나머지는 기본 프로그램 참조
   // ....
   // 사용자 작성 태스크 함수 설정
   OSTaskCreate(Task1,0,(void*)&TaskStk[1][TASK_STK_SIZE - 1], 1);
   OSTaskCreate(Task2,0,(void*)&TaskStk[2][TASK_STK_SIZE - 1], 2);
   // 동기화 플래그  생성
   sound_sync = OSFlagCreate(0, &err);
   // ....
}

// MAIN 함수
int main (void)
{
   // ...
   // 기본 프로그램 참조
   // ...
}
```

3.4 uC/OS-II의 내부 통신(Intertask Communication)

앞의 ucos5.c 예제에서는 로봇의 스위치를 입력받으면 소리가 나도록 작성하였습니다. 만약, 누르는 스위치가 어떤 것인지에 따라 다른 소리를 내거나 동작을 한다면, 어떤 키가 눌렸는지도 정보가 전달되어야 합니다. 앞에서 다루었던 세마포어 나 이벤트 플래그를 이용한 동기화 방법은 단순한 ON/OFF의 신호만 전달할 뿐 여러 정보를 동시에 전달하지는 못합니다. 이러한 다양한 정보의 전달을 내부 통신(Intertask Communication) 이라고 합니다.

내부 통신 방법에는 메일박스(Mail Box)와 큐(Queue)가 있으며, 여기에서는 다루지 않습니다.

제 4 장 uC/OS-II를 이용한 라인트레이서

3장에서 uC/OS-II 의 프로그램 방법들에 대해 알아보았습니다. 이번 장에서는 uC/OS-II를 이용하여 라인트레이싱 하는 프로그램을 작성해 보도록 하겠습니다.

앞 서 예제에서 로봇의 라인 감지를 위한 3개의 적외선 센서(L, C, R)을 이용해서 라인을 따라가는 프로그램을 작성해 보았습니다. 이를 uC/OS-II에 맞게 수정한 예제는 아래 ucos6.c 와 같습니다.

태스크1(Task1)은 라인 센서의 값을 계속 읽어 들이고, 태스크2(Task2)는 저장된 센서값을 판단하여 모터를 구동합니다.

ucos6.c 예제 프로그램

```
#include "wilducos.h"

// 태스크 1
void Task1(void *data)
{
   data = data;

   while(1) {
      read_line(500);
      OSTimeDlyHMSM(0,0,0,10);
   }
}

// 태스크 2
void Task2(void *data)
{
   data = data;

   while(1) {
      OS_ENTER_CRITICAL();
      switch(s3)
      {
         case LINE_C:
            motor_go(255);
```

```
            break;
        case LINE_L:
        case LINE_LC:
            motor(0,200);
            break;
        case LINE_R:
        case LINE_CR:
            motor(200,0);
            break;
        default:
            motor_break;
      }
      OS_EXIT_CRITICAL();
      OSTimeDlyHMSM(0,0,0,10);
   }
}

// 태스크 시작 함수
void TaskStart (void *data)
{
   // 아래 표기된 부분만 다르고, 나머지는 기본 프로그램 참조
   // ....
   // 사용자 작성 태스크 함수 설정
   OSTaskCreate(Task1,0,(void*)&TaskStk[1][TASK_STK_SIZE - 1], 1);
   OSTaskCreate(Task2,0,(void*)&TaskStk[2][TASK_STK_SIZE - 1], 2);
   // ....
}

// MAIN 함수
int main (void)
{
   // ...
   // 기본 프로그램 참조
   // ...
}
```

uC/OS-II를 이용하여 로봇의 복잡한 라인 경로 이동 및 마이크로 마우스 동작은 위에서 설명한 개념을 토대로 작성해 보시기 바랍니다.

PART V

로봇
조립 설명편

제 1 장 로봇의 납땜

로봇은 여러 가지 형태로 판매되고 있습니다. 만약, 로봇 키트가 납땜이 필요한 부품으로 구성된 경우, 다음과 같은 방법으로 납땜을 합니다. 여기에서는 사용자가 납땜하는 방법은 이미 알고 있다는 가정 하에 별도의 설명은 하지 않습니다.

설명하는 부품표를 보면서 직접 납땜하는 것과 납땜 시 주의해야할 사항에 대해서설명합니다. 혹시, PCB상에 표기된 부품의 명칭과 설명서의 부품과 일치하지 않을 수 있습니다. **이 때는 반드시 설명서를 기준으로 하여 주시기 바랍니다.**

납땜이 되어 있는 키트를 구입하신 분은 "제 2 장 로봇의 조립"으로 건너뛰어 보시기 바랍니다.

1.1 센서 PCB 보드의 납땜

센서 보드에 사용되는 부품 리스트와 위치는 아래 표와 같습니다. 미리 확인하시기 바랍니다.

번호	부품	수량	위치	비고
1	저항 1K	1	R2	
2	저항 10K	1	R1	
3	어레이저항 100 * 6	1	AR1	방향 주의
4	어레이저항 100 * 5	1	AR2	방향 주의
5	어레이저항 470 * 6	1	AR3	방향 주의
6	어레이저항 33K * 6	1	AR4	방향 주의
7	어레이저항 10K * 6	1	AR5	방향 주의
8	전해 콘덴서 470uF/25V	1	C1	극성 주의
9	모노 콘덴서 104	1	C2	극성 주의
10	적외선 수광센서 ST-7L	8	D1, D2, D11, D12, D13, D14, D15, D16	극성 주의
11	적외선 발광센서 EL-7L	8	D3, D4, D5, D6, D7, D8, D9, D10	극성 주의
12	헤더 소켓 2 * 8	1	JP1	
13	트랜지스터 A1020	1	Q1	방향 주의
14	적색 3파이 LED	5	SLED0, SLED1, SLED2, SLED3	극성 주의
15	14핀 IC 소켓	1	U1	방향 주의
16	74HC14	1	U1	방향 주의

※ 비고 란의 극성/방향 주의 부품은 설명서를 보면서 주의하여 납땜합니다.

① 납땜할 센서부의 PCB는 아래와 같습니다.

② 저항 R1과 R2를 납땜합니다.

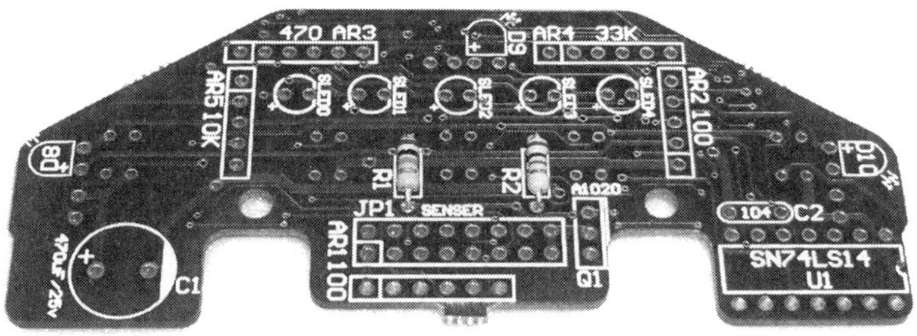

③ 적색 3파이 LED 5개를 납땜합니다. + 표시는 LED의 긴 다리가 오도록 끼워서 납땜합니다. PCB 상의 LED 모양(ㅁ)과 납땜한 LED 모양이 같은지 확인합니다.

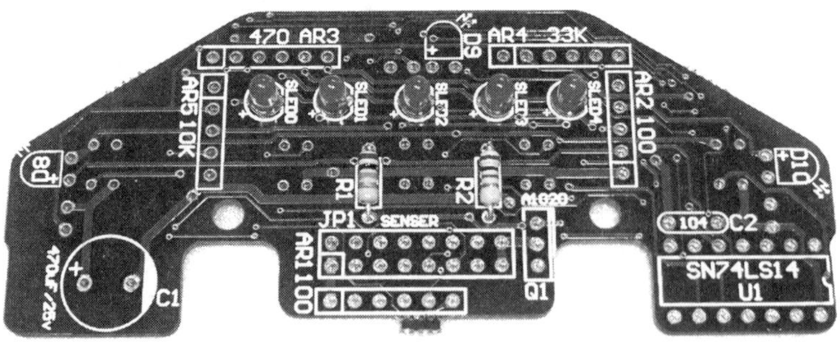

④ 어레이 저항(AR1, AR2, AR3, AR4, AR5)을 납땜합니다. AR1은 6개 다리의 101, AR2는 5개 다리의 101, AR3은 6개 다리 471, AR4는 6개 다리 333, AR5는 5개 다리 103이라고 표기되어 있으며, 어레이 저항은 방향이 있습니다. 어레이 저항의 점이 찍혀 있는 부분과 PCB에 표시 되는 부분에 맞추어 주십시오.

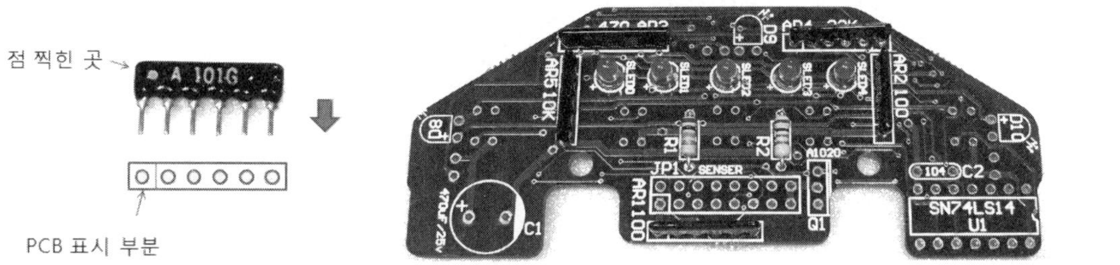

⑤ 전해 콘덴서 C1과 모노 콘덴서 104(C2), 트랜지스터 A1020(Q1), 14핀 IC 소켓(U1)을 납땜합니다. 콘덴서는 극성에 주의하고, 트랜지스터는 방향, IC 소켓도 방향에 주의해야 합니다.

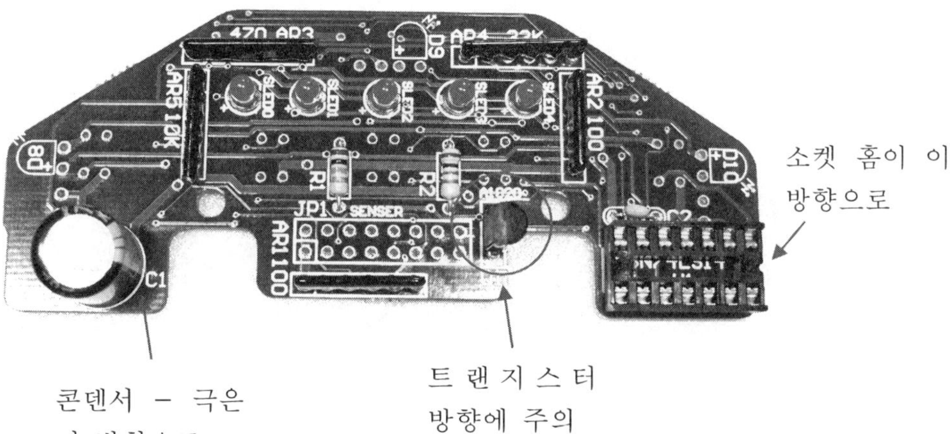

⑥ 74HC14 IC를 IC 소켓에 꼽습니다. 이 때도 ⑤의 IC 소켓과 같이 홈이 파인 방향에 주의합니다.

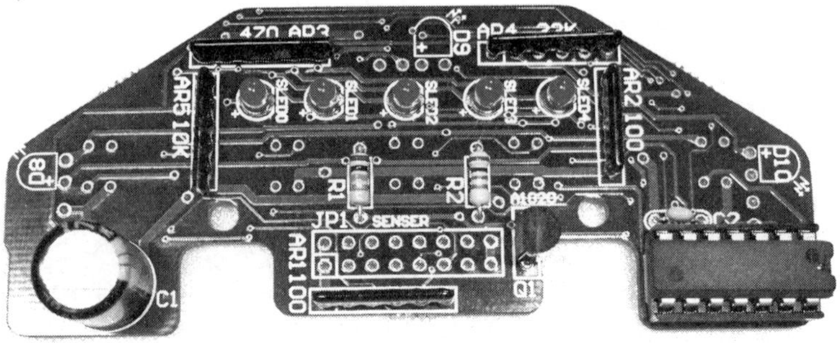

⑦ 헤더 소켓을 2 * 8로 니퍼를 이용하여 끊습니다. 이 소켓은 JP1에 납땜합니다.

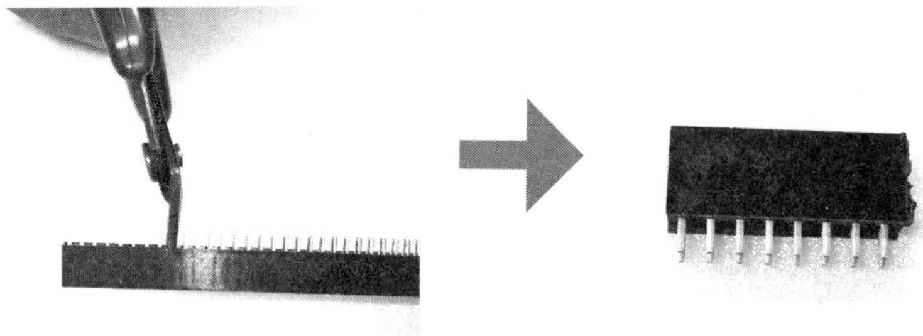

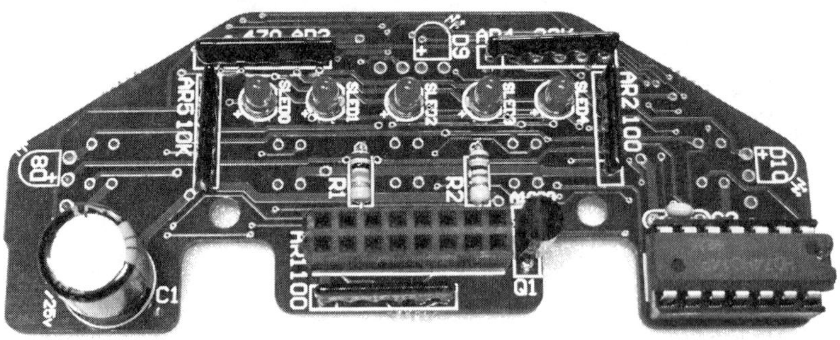

⑧ 바닥면을 향하는 적외선 센서 5조 (발광 EL-7L과 수광 ST-7L)를 납땜합니다. 납땜은 PCB의 뒤쪽에서 센서를 끼워 납땜을 하며, 이 때도 방향이 있으므로, PCB에 그려진 모양과 센서의 모양이 일치하도록 합니다. 아래 사진을 보고 확인합니다.

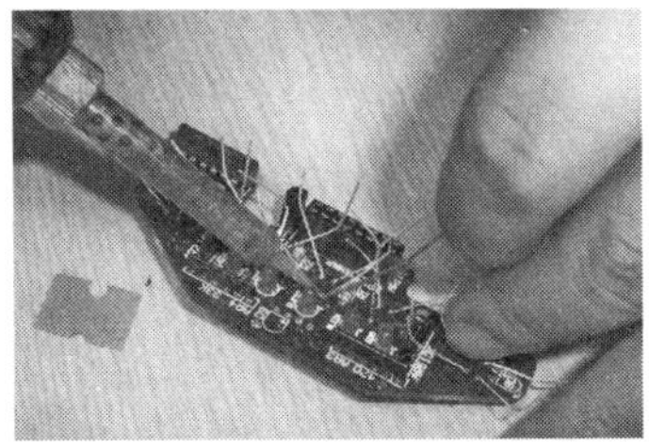

⑨ 앞/옆 면을 감지할 적외선 센서 3조를 아래 그림과 같이 휘어서, 납땜합니다. 발광센서(투명)는 PCB 위쪽에, 수광센서(검은색)는 PCB 아래쪽에 납땜합니다.

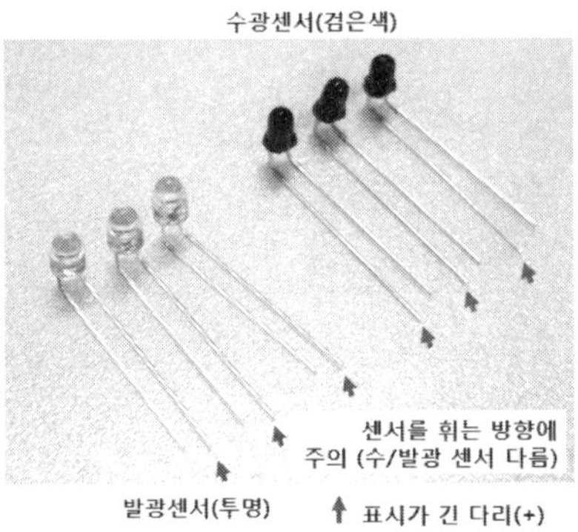

PCB 윗면에 발광센서(투명) 납땜

PCB 뒷면에 수광센서(검은색) 납땜

⑩ 수축튜브를 니퍼로 약 5mm 간격으로 8개 잘라, 검은색의 수광 센서 8개에 모두 씌웁니다. 수축튜브는 외부의 빛에 의해 오동작하는 현상을 방지합니다.

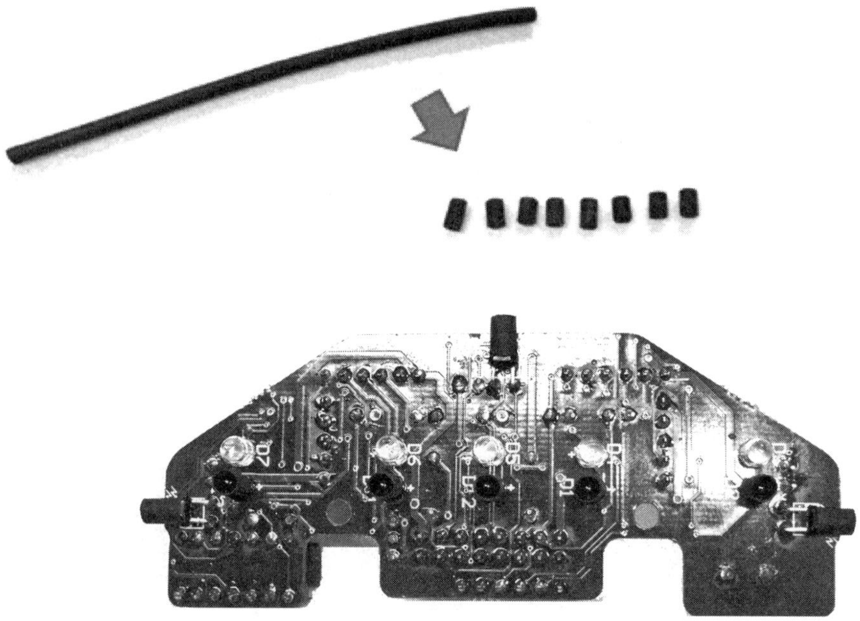

이로써, 센서부 PCB의 모든 납땜은 완성되었습니다.

1.2 메인 PCB 보드의 납땜

메인 보드에 사용되는 부품 리스트와 위치는 아래 표와 같습니다. 미리 확인하시기 바랍니다.

번호	부품	수량	위치	비고
1	어레이저항 1K * 9	1	AR1	방향주의
2	저항 1K	13	R1, R2, R3, R4, R5, R6, R7, R8, R9, R10, R11, R12 R16	

3	저항 10	1	R13	
4	저항 100	2	R14, R15	
5	가변저항 1K	1	VR1	방향주의
6	부저	1	BZ	극성주의
7	전해콘덴서 470uF/25V	2	C1, C4	극성주의
8	모노콘덴서 104	5	C2, C3, C5, C6, C9	
9	전해콘덴서 1000uF/25V	1	C7	극성주의
10	전해콘덴서 100uF/16V	1	C8	극성주의
11	다이오드 1N4148	1	D1	극성주의
12	다이오드 1N4003	1	D2	극성주의
13	FND 3104ASR	1	FND1	방향주의
14	택트스위치(소, 4P)	4	SW0, SW1, SW2, SW3	
15	파워스위치 6P 소형	1	POWER_SW	
16	BA6208 SIP타입	2	U1, U2	방향주의
17	적색 3파이 LED	9	LED0, LED1, LED2, LED3, LED4, LED5, LED6, LED7, PowerLED	극성주의
18	적색 5파이 LED	2	LED_L, LED_R	극성주의
19	모렉스 2P (암)	1	JP5	방향주의
20	센서부 헤더 핀(2*8), 길이 20mm	1	JP1	
21	모터부 헤더 핀 (1*2)	2	JP2, JP4	
22	모듈 헤더 소켓 (2*15)	2	P1, P2	
23	LCD 헤더 소켓 (2*8)	1	JP3	
24	LCD 백라이트용 헤더 핀 (1*2)	1	W1	
25	LCD 장착용 헤더 핀 (2*8)	1	LCD 모듈에 부착	
26	LCD 백라이트용 점퍼	1	JP3	

위 표 중 굵은 글씨, 파란 색 부분은 PCB의 표기와 다릅니다. 위 표를 기준으로 납땜하시기 바랍니다.

① 저항 1K(R1, R2, R3, R4, R5, R6, R7, R8, R9, R10, R11, R12, R16), 저항 10 (R13), 저항 100 (R14, R15)을 메인 PCB 보드에 납땜합니다.

② 모노 콘덴서 104를 C2, C3, C5, C6, C9 위치에 납땜합니다.

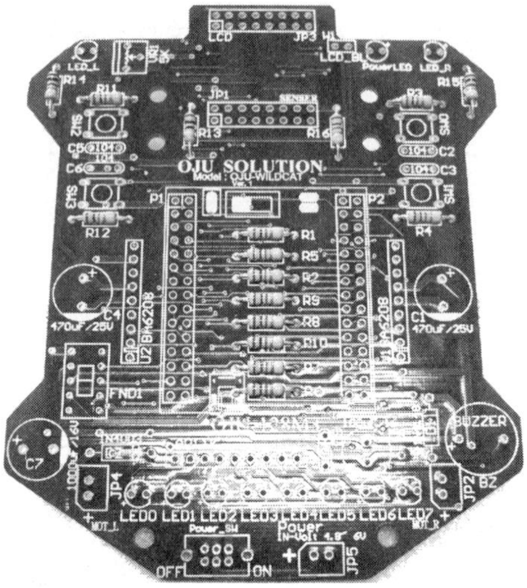

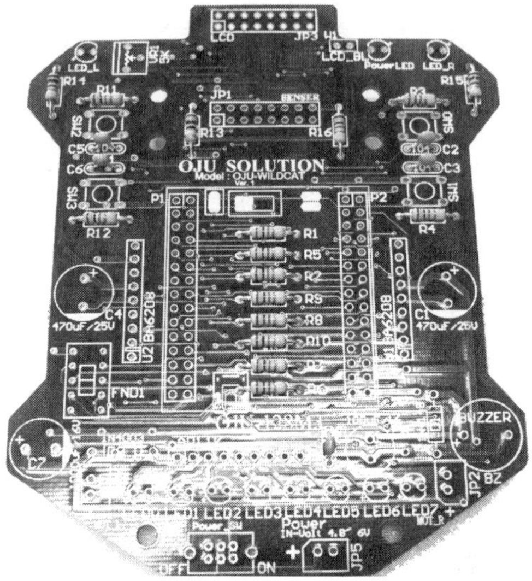

② 적색 3파이 LED (LED0부터 LED7까지, PowerLED)와 적색 5파이 LED 2개(LED_L, LED_R)을 PCB에 납땜합니다.
이 때, LED는 극성이 있으므로, 긴 다리가 + 방향으로 끼워서 납땜합니다. PCB 기판에 소자의 모양이 그려져 있으므로, 이를 확인하여도 됩니다.

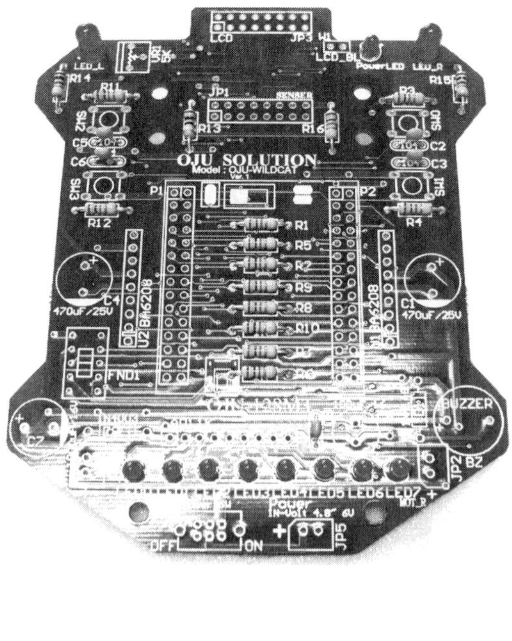

③ 택트스위치와, 다이오드(D1, D2), 모렉스 2P, 어레이 저항, 가변저항, 전원 스위치를 제자리에 꼽고, 납땜합니다. 어레이 저항은 방향이 있으므로 주의합니다. (5 페이지 참조)

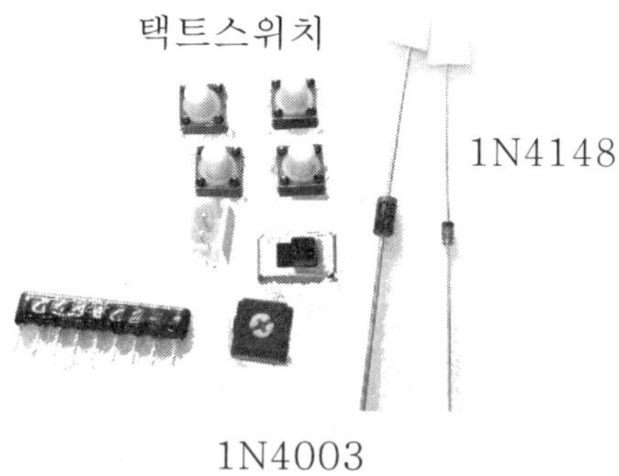

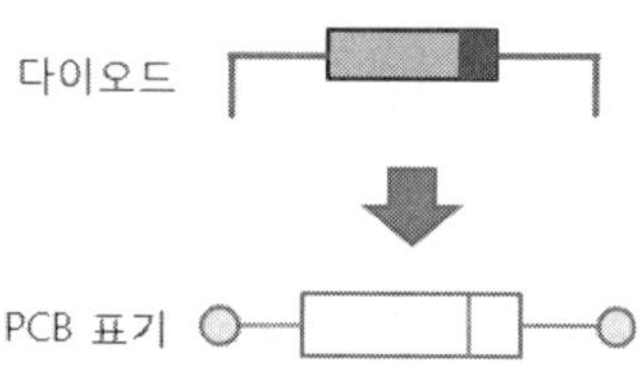

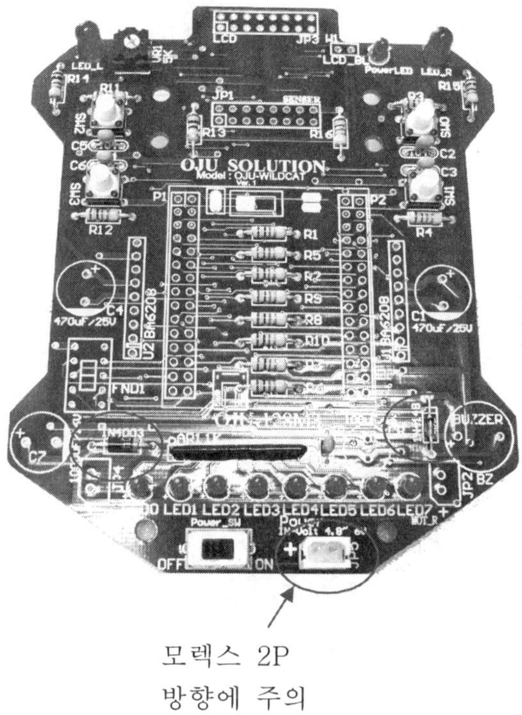

④ 헤더 핀과 헤더 소켓을 니퍼로 끊어, 납땜합니다.

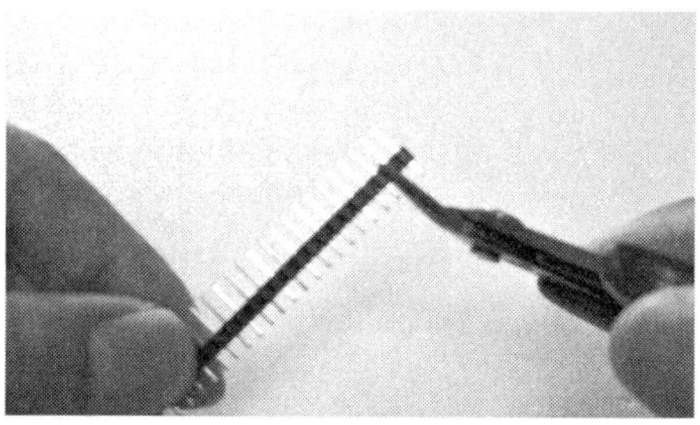

1열 헤더 핀을 2P 씩 2개 끊어둡니다.

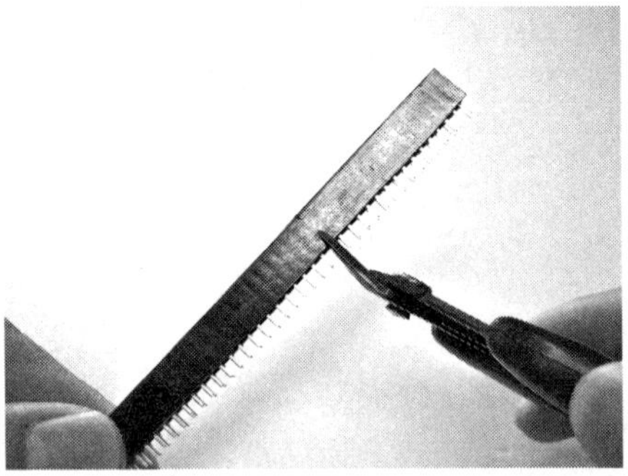

2열 헤더 소켓을 15개 간격으로 2개
8개 간격으로 1개 끊어둡니다.

끊어둔 부품을 해당 되는 위치에 납땜합니다.

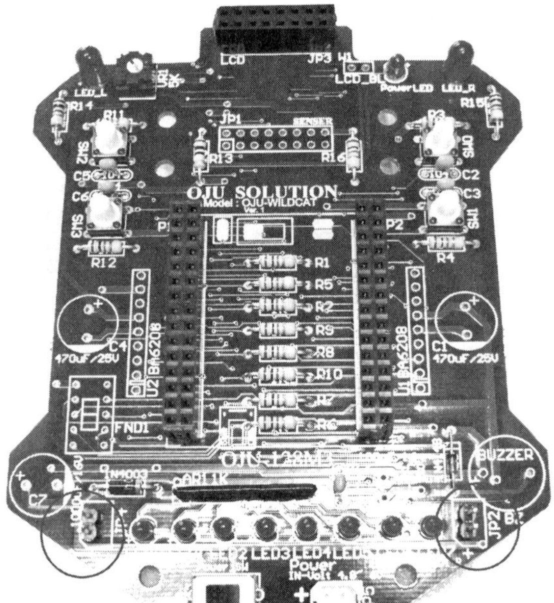

⑤ 센서 부착 헤더 핀, 콘덴서, 부저 등을 준비하여 메인 PCB 에 납땜합니다.

헤더 핀
2*8, 20mm

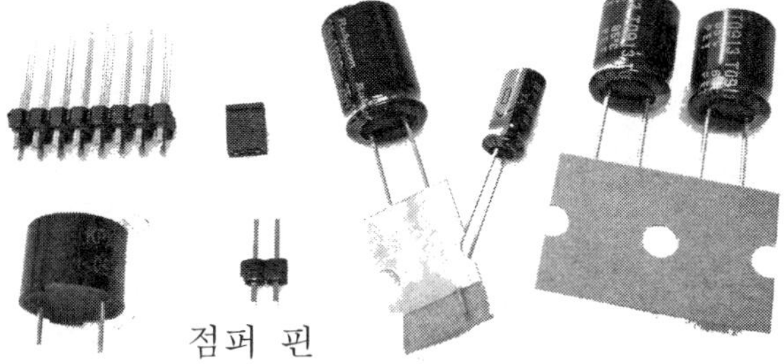

부저

점퍼 핀
2P 헤더핀

20mm 2*8 헤더 핀은 아래에서 끼워서 위에서 납땜

점퍼 핀을 꼽습니다.

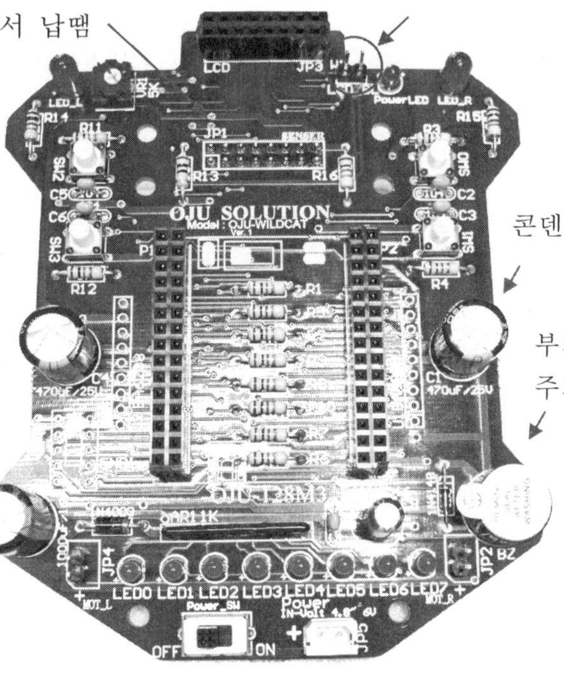

콘덴서 극성 주의

부저는 극성에 주의

콘덴서 극성 주의

⑥ 모터 드라이브 칩인 BA6208, FND를 해당 위치에 납땜하고, 로봇 컨트롤러 모듈 OJU-128m3 모듈은 납땜하였던 헤더 소켓에 끼웁니다.

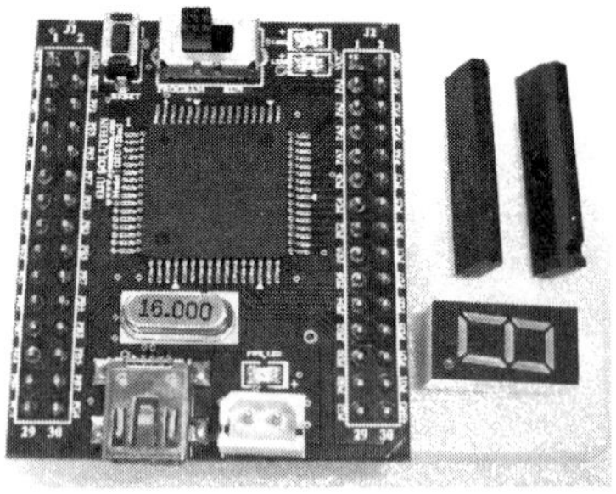

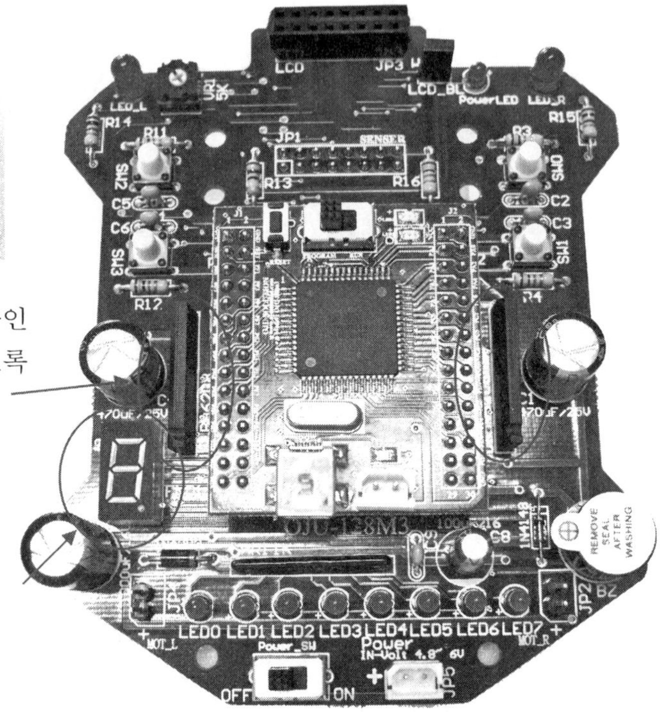

BA6208은 칩의 홈이 파인 곳이 아래 부분이 가도록 납땜합니다.

FND는 사진과 같은 모양이 되도록 하여 납땜합니다.

메인 PCB의 모든 소자 납땜이 완료되었습니다.

제 2 장 로봇의 조립

로봇을 조립하여 보도록 하겠습니다. 조립 시에는 드라이버(십자형)와 별도 조립 도구가 필요할 수 있습니다.

2.1 바퀴와 타이어 조립

로봇의 바퀴와 타이어를 끼웁니다. 이렇게 2개를 조립하여 둡니다.

2.2 로봇 바디의 조립

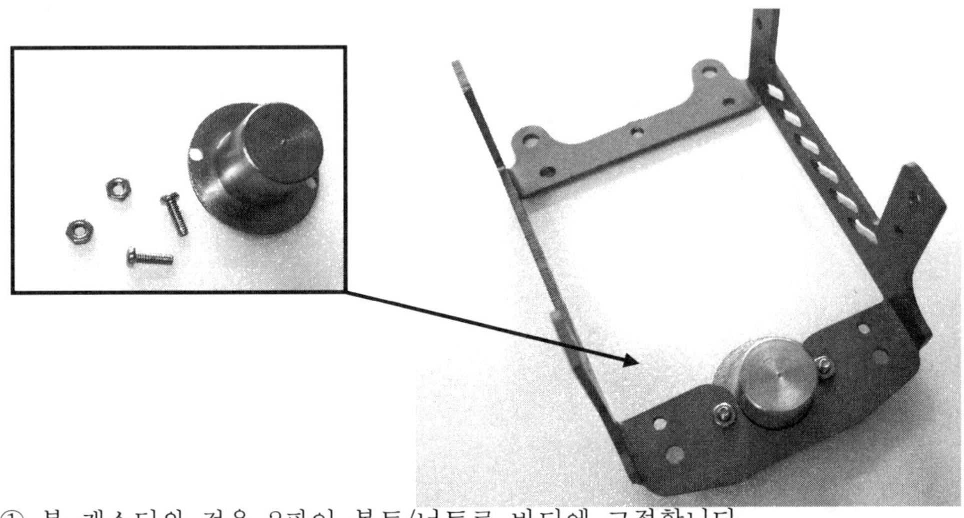

① 볼 캐스터와 전용 2파이 볼트/너트로 바디에 고정합니다.

② 바디에 모터를 볼트로 고정합니다. 모터를 고정할 때, 모터 축이 앞쪽으로 가도록 합니다.

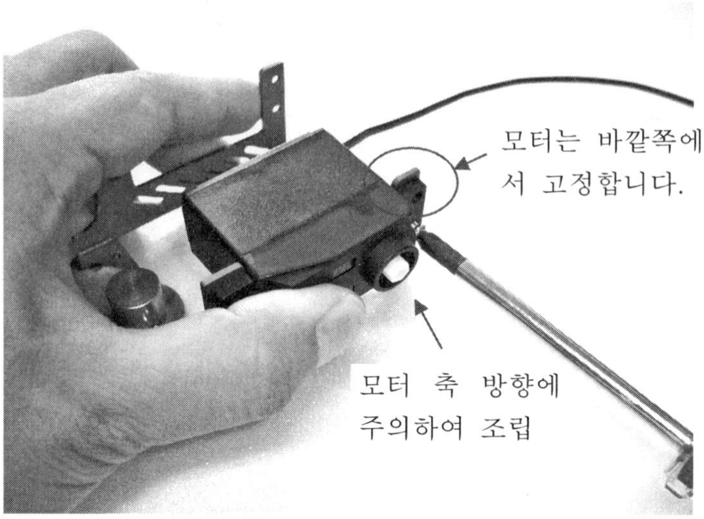

같은 방법으로 다른 쪽도 모터를 고정합니다. 아래 사진은 2개의 모터를 고정한 로봇의 바디입니다.

③ 바디의 4군데 가장 자리에 35mm 금속 서포트를 볼트로 고정합니다.

④ 모터에 바퀴를 끼우고, 볼트(모터 고정 전용)로 고정합니다.

⑤ AAA * 4 배터리 케이스를 아래 사진과 같이 밀어 넣습니다.

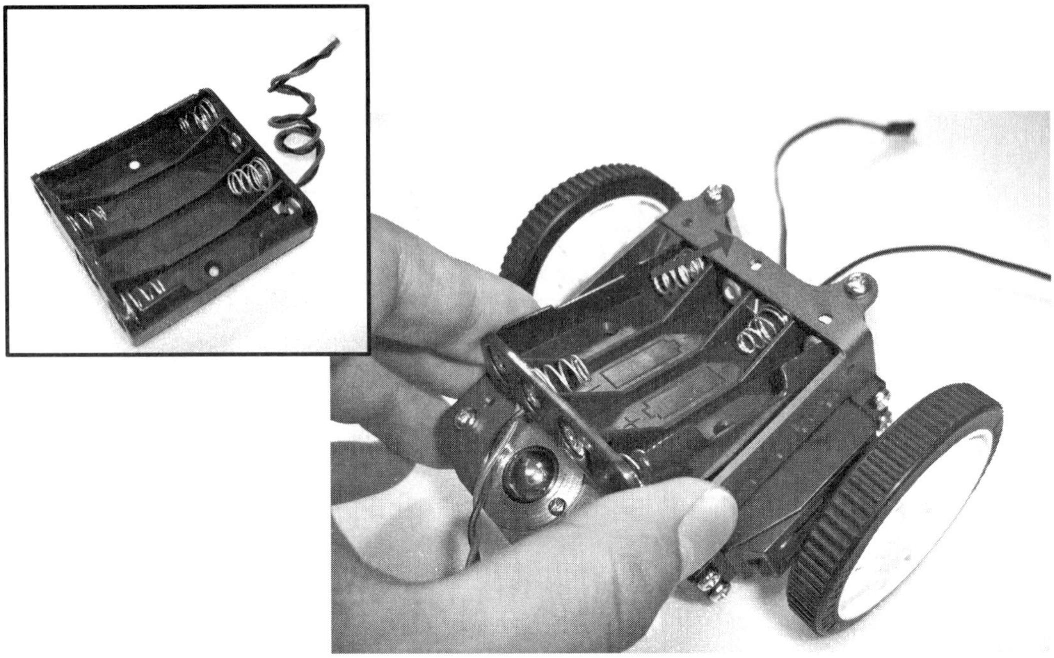

⑥ 아래 사진과 같이 모터 선과 배터리 선을 로봇의 뒤쪽(볼 캐스터 위치)으로 정리합니다.

2.3 센서 PCB의 조립

① 센서 PCB의 홀에 20mm 플라스틱 서포트를 볼트로 고정합니다. (2군데)

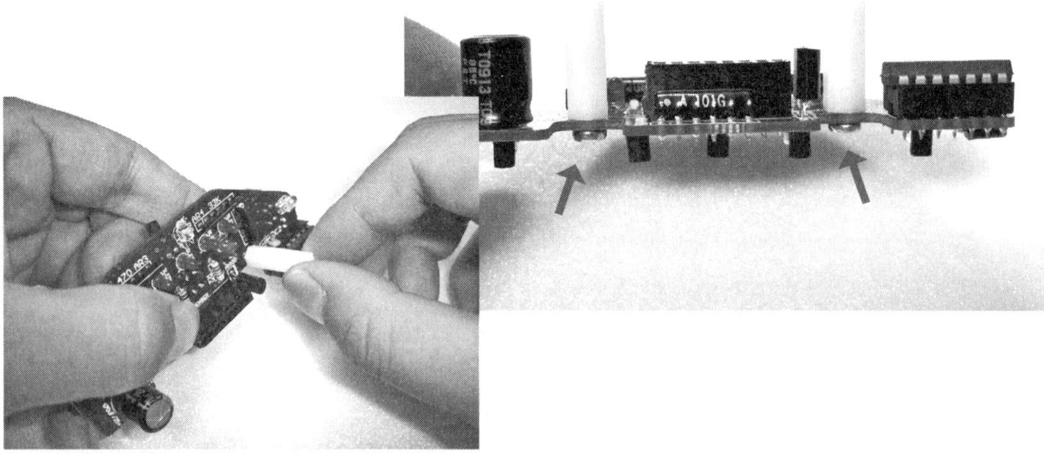

② 메인 PCB와 결합합니다. (20mm 긴 헤더 핀과 헤더 소켓을 끼우고, 서포트를 메인 PCB쪽에서 볼트로 체결합니다.)

센서 PCB와 메인 PCB의 헤더를 서로 끼움

2.4 메인 PCB의 조립

① 위에서 조립한 로봇 바디에 메인 PCB(센서 PCB가 결합된)를 얹어, 볼트로 결합합니다. (4군데)

② 로봇의 뒤 쪽에서 모터 선과 배터리 선을 메인 PCB 단자에 연결합니다.

모터 선은 빨간 색 선이 PCB 상의 +가 되도록 꼽습니다.

배터리 선은 모렉스 단자 방향에 맞추어 단자에 꼽습니다.

2.5 LCD 모듈의 조립

① 1열 헤더 핀을 8핀으로 2개 끊습니다.

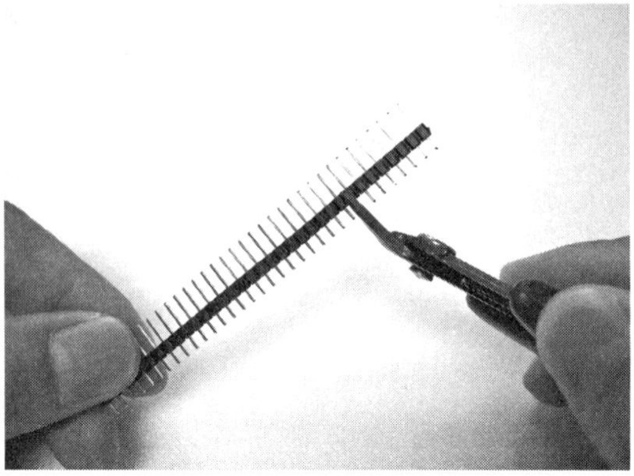

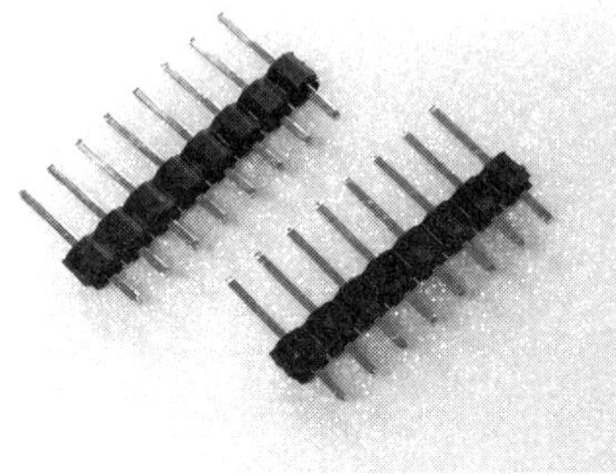

② LCD 모듈에 2개 헤더 핀을 납땜합니다.

③ 조립하였던 로봇의 메인 PCB 앞 부분 헤더 소켓에 납땜한 LCD 모듈을 끼웁니다.

제 3 장 배터리의 장착 및 교체

로봇은 AAA형 건전지 4개를 사용합니다. 건전지는 알카라인을 반드시 사용하여 주십시오. 만약 충전지를 사용할 경우에는 2000mAh 이상의 니켈수소(NiMH) 전지 또는 에너루프 종류를 사용하여 주시기 바랍니다.

3.1 배터리 끼우기

로봇의 아래 부분에서 배터리 케이스를 꺼내, AAA형 건전지(또는 충전지) 4개를 끼우고, 앞 쪽 부분부터 밀어 넣습니다.

배터리 케이스를 넣고, 흔들리지 않게 합니다.

3.2 배터리 덮개 고정

배터리가 빠지지 않도록, 아래 사진과 같이 배터리 덮개를 3개 접시머리 볼트() 로 고정합니다.

본 조립이 모두 완료되었습니다. 다시 한 번 조립 상태를 확인하고, 동작 하시기 바랍니다.

첨부 A. wildcat.h 소스

```
/*
        와일드캣 포함 파일 : wildcat.h
        버전 : v1.0

*/

// 포함 파일
#include <avr/io.h>
#include <avr/interrupt.h>
#include <stdio.h>
#include <util/delay.h>
#include <avr/eeprom.h>
#include <stdlib.h>

// 비트 연산 매크로 함수
#define sbit(x,y)        (x |= (1<<y))
#define cbit(x,y)        (x &= ~(1<<y))
#define fbit(x,y)        (x ^= (1<<y))
#define bitisset(x,y)    (x & (1<<y))
#define bitisclear(x,y)  (!( x & (1<<y)))

// 형변환(Typedef) 문
typedef signed char     s08;
typedef unsigned char   u08;
typedef signed int      s16;
typedef unsigned int    u16;
typedef signed long     s32;
typedef unsigned long   u32;

// 하드웨어 포트 설정
#define LED_PORT        PORTA
#define SW_PORT         PINB
#define MOTOR_PORT       PORTB
```

```
#define FND_PORT          PORTC
#define LCD_DATA_PORT     PORTD
#define BZ_PORT           PORTE
#define LCD_CTL_PORT      PORTE
#define SENSOR_PORT       PORTF

// 상수
#define ON      1
#define OFF 0
#define ALL 0xff

// 스위치 관련 상수
#define SW0 1
#define SW1 2
#define SW2 4
#define SW3 8

// LCD 모듈 관련 상수/매크로 함수
#define LCD_RS        4
#define LCD_RW                5
#define LCD_EN                6
#define LCD_DR                            sbit(LCD_CTL_PORT,LCD_RS)
#define LCD_IR                        cbit(LCD_CTL_PORT,LCD_RS)
#define LCD_READ                      sbit(LCD_CTL_PORT,LCD_RW)
#define LCD_WRITE                     cbit(LCD_CTL_PORT,LCD_RW)
#define LCD_ENABLE                   sbit(LCD_CTL_PORT, LCD_EN)
#define LCD_DISABLE                  cbit(LCD_CTL_PORT,LCD_EN)
#define LCD_DATA(d)                  LCD_DATA_PORT = d;

#define LCD_CMD_CLEAR             1
#define LCD_CMD_HOME              2

#define LCD_DISPLAY_ON            4
#define LCD_DISPLAY_OFF           0
```

```
#define LCD_CURSOR_ON            2
#define LCD_CURSOR_OFF          0
#define LCD_BLINK_ON     1
#define LCD_BLINK_OFF            0

// 센서 관련 정의 및 변수
#define SEN_ON              cbit(PORTE,7);              // PORTE7 Low   0출력
(센서 ON)
#define SEN_OFF             sbit(PORTE,7);              // PORTE7 High 1출력
(센서 OFF)

#define LINE_L          0b00000010
#define LINE_C          0b00000100
#define LINE_R          0b00001000
#define LINE_LC         0b00000110
#define LINE_CR         0b00001100
#define LINE_LR         0b00001010
#define LINE_NO         0b00000000
#define LINE_ALL        0b00001110

#define CROSS_L         0b00000001
#define CROSS_R         0b00010000
#define CROSS_LR        0b00010001
#define CROSS_NO        0b00000000

#define LINE_BLACK     0
#define LINE_WHITE     1

#define MIRO_C          6
#define MIRO_L          5
#define MIRO_R          7

#define MIRO_NO_WALL  0
#define MIRO_C_WALL    1
```

```
#define MIRO_L_WALL    2
#define MIRO_R_WALL    4
#define MIRO_LR_WALL   MIRO_L_WALL + MIRO_R_WALL
#define MIRO_ALL_WALL MIRO_C_WALL + MIRO_L_WALL + MIRO_R_WALL

#define SYS_CLK 16000000L
#define PRESCALER 1024L

volatile u08 line_color = LINE_BLACK;    // 라인 색상 (초기값 = 흰바탕 검은라
인)
volatile u08 s3 = 0;                // 3개 라인 감지 센서 입력 변수
volatile u08 sc = 0;                // 2개 분기점(좌/우) 감지 센서 입력 변수
volatile u16 mc = 0;                // 미로센서 (중앙) 입력 변수
volatile u16 ml = 0;                // 미로센서 (좌) 입력 변수
volatile u16 mr = 0;                // 미로센서 (우) 입력 변수
volatile u08 wall = MIRO_NO_WALL;   // 미로 벽 감지 상태

// 타이머 관련 정의
#if defined(TIMER_USE)
void timer(void);
#endif

// 타이머 설정 함수
void set_timer(u16 n)
{
  u32 temp=0;
  temp = n * 1000L;
  TCCR3A = 0;
  TCCR3B =  (1<<WGM32) | (1<<CS32) | (1<<CS30);
  TCCR3C = 0;

  temp = temp >> 6 ;
  OCR3A = temp&0x0000ffff;
}
```

```
// 타이머 동작 함수
void timer_on(void)
{
  ETIMSK |= (1<<OCIE3A);
  sei();
}

// 타이머 해제 함수
void timer_off(void)
{
  ETIMSK &= ~(1<<OCIE3A);
  cli();
}

// 타이머 동작을 위한 인터럽트 함수
SIGNAL(TIMER3_COMPA_vect)
{
#if defined(TIMER_USE)
  timer();
#endif
}

// 시간 지연 함수
// 마이크로 초 지연함수
void delay_us(u16 n)
{
  _delay_us(n);
}

// 밀리초 지연 함수
void delay_ms(u16 n)
{
  _delay_ms(n);
```

```
}

// 초 단위 지연 함수
void delay_s(u16 n)
{
  u16 i;

  for (i=0;i<n;i++){
     _delay_ms(1000);
  }
}

// LED 출력 함수
// LED 를 켜거나 끄는 함수
// 사용법 : led(0, ON);
//          0번 LED 를 켭니다.
// 인자설명 : u08 no - LED 번호 (0-7), 또는 모든 LED(ALL)
//            u08 val - ON 또는 OFF
// 참고 : LED 번호 또는 val의 값이 형식에 맞지 않으면 LED 변화 없음
void led(u08 no, u08 val)
{
  switch(no)
  {
    case 0:
    case 1:
    case 2:
    case 3:
    case 4:
    case 5:
    case 6:
    case 7:
      if (val == ON) {
        cbit(LED_PORT, no);
      } else if (val == OFF) {
```

```
        sbit(LED_PORT, no);
      }
      break;
    case ALL:
      if (val == ON) {
        LED_PORT = 0;
      } else if (val == OFF) {
        LED_PORT = 0xff;
      }
  }
}

// 전체 LED 8개를 출력하는 함수
// 사용법 : leds(0xff);
//           8개 LED 모두를 켭니다.
// 인자설명 : u08 n - 8개 LED 출력 값
void leds(u08 n)
{
  u08 t=0xff;

  if (bitisset(n,0)) {cbit(t,7);} else {sbit(t,7);};
  if (bitisset(n,1)) {cbit(t,6);} else {sbit(t,6);};
  if (bitisset(n,2)) {cbit(t,5);} else {sbit(t,5);};
  if (bitisset(n,3)) {cbit(t,4);} else {sbit(t,4);};
  if (bitisset(n,4)) {cbit(t,3);} else {sbit(t,3);};
  if (bitisset(n,5)) {cbit(t,2);} else {sbit(t,2);};
  if (bitisset(n,6)) {cbit(t,1);} else {sbit(t,1);};
  if (bitisset(n,7)) {cbit(t,0);} else {sbit(t,0);};

  LED_PORT = t;
}

// 현재 LED 값을 ON-> OFF로, OFF->ON으로 바꾸는 함수
// 사용법 : led_toggle(1);
```

```
//            1번 LED의 값을 토글합니다.
void led_toggle(u08 n)
{
  fbit(LED_PORT, n);
}

// FND에 숫자를 출력하는 함수
// 사용법 : fnd(0, OFF);
//            FND에 숫자 0을 출력하고, 점은 표시하지 않음
// 인자설명 : u08 n - FND에 출력할 숫자(0-9)
//              u08 dot - 점을 표시할 지 여부(ON 또는 OFF)
// 참고 : FND 숫자 또는 dot의 값이 형식에 맞지 않으면 FND 변화 없음
void fnd(u08 n, u08 dot)
{
  u08 fnd[10] = {0xc0,0xf9,0xa4,0xb0,0x99,0x92,0x82,0xf8,0x80,0x90};

        if (n>=0 && n<=9) {
          FND_PORT = fnd[n];
    if (dot == ON){
      cbit(FND_PORT, 7);
    } else if (dot == OFF) {
      sbit(FND_PORT, 7);
    }
  }
}

// FND에 직접 값을 출력하는 함수
// 사용법 : fnds(0);
//            FND를 모두 끕니다.
void fnds(u08 n)
{
  FND_PORT = ~n;
}
```

```
// FND의 불을 모두 끄는 함수
void fnd_off(void)
{
  fnds(0);
}

// 부저의 소리를 켜는 함수
void buzzer_on(void)
{
  cbit(BZ_PORT, 3);
}

// 부저의 소리를 끄는 함수
void buzzer_off(void)
{
  sbit(BZ_PORT, 3);
}

// 부저를 소리내는 함수
// 사용법 : buzzer(100);
//          100ms 동안 부저를 울리고 멈춘다.
// 인자설명 : u16 delay - 부저를 울릴 시간 (ms 단위)
void buzzer(u16 delay)
{
  buzzer_on();
  _delay_ms(delay);
  buzzer_off();
}


// 스위치 입력을 받는 함수
// 사용법 : a = sw();
//          눌린 스위치의 값을 a 변수에 입력합니다.
u08 sw(void)
```

```
{
  u08 key;

  key = SW_PORT;
  key = ~(key | 0xf0);
  return key;
}

// 스위치 입력을 대기하여 받는 함수
// 사용법 : a = sw_wait();
//           스위치가 눌릴 때까지 기다렸다가 스위치가 눌려서,
//           다시 스위치가 놓이면 스위치의 값을 a 변수에 입력합니다.
u08 sw_wait(void)
{
  u08 key, key1;

  // 스위치 눌릴 때까지 대기
  while(1){
    key = SW_PORT;
    key = ~(key | 0xf0);
    if (key > 0) break;
  }

  _delay_ms(10);

  // 해당 스위치가 놓일 때까지 대기
  while(1){
    key1 = SW_PORT;
    key1 = ~(key1 | 0xf0);
    if (key1 != key) break;
  }

  return key;
}
```

```
// 로봇의 앞 부분 좌/우 LED를 제어합니다.
// 사용법 : eye_led(0, 1);
//           왼쪽 LED는 끄고, 오른쪽 LED는 켭니다.
void eye_led(u08 left_eye, u08 right_eye)
{
  if (left_eye) {cbit(PORTG, 4);} else {sbit(PORTG, 4);}
  if (right_eye) {cbit(PORTG, 3);} else {sbit(PORTG, 3);}
}

// LCD 모듈 관련 함수
// LCD 모듈에 명령어 전송
void write_IR(u08 IR_command)
{
        LCD_IR;
        LCD_WRITE;
        LCD_ENABLE;
        LCD_DATA(IR_command);
        _delay_us(100);
        LCD_DISABLE;
}

// LCD에 문자 표시 위치 결정 (x, y)
void lcd_xy(u08 x, u08 y)
{
        u08 p;

        if(y>1) y=1;
        if(x>15) x=15;
        p = y ? x+0xc0 : x+0x80;
        write_IR(p);
}

// LCD의 커서 위치를 홈(맨 처음)으로 이동
```

```
void lcd_cursor_home(void)
{
	write_IR(LCD_CMD_HOME);
	_delay_ms(2);
}

// LCD의 글자를 모두 삭제
void lcd_clear(void)
{
	write_IR(LCD_CMD_CLEAR);
	_delay_ms(2);
}

// LCD 표시 커서를 설정
void lcd_cursor(u08 display, u08 cursor, u08 blink)
{
	u08 c;

	c = 8 + display + cursor + blink;
	write_IR(c);
	_delay_ms(2);
}

// LCD에 한 문자를 표시
int lcd_putchar(char c)
{
	LCD_DR;
	LCD_WRITE;
	LCD_ENABLE;
	LCD_DATA(c);
	_delay_us(100);
	LCD_DISABLE;
	return 0;
}
```

```
// LCD에 문자열을 표시
void lcd_print(char *s)
{
        while(*s) lcd_putchar(*s++);
}

// LCD 모듈 초기화
void lcd_init(void)
{

        _delay_ms(15);
        write_IR(0x38);
        _delay_ms(5);
        write_IR(0x38);
        _delay_ms(5);
        write_IR(0x38);
        _delay_ms(5);

        write_IR(0x0e);
        _delay_ms(2);
        lcd_cursor_home();
        lcd_clear();
}

// 모터 관련 함수 시작
// 모터 속도제어를 위한 하드웨어 초기화
void pwm_init()
{
        //FAST PWM
        //7812.5HZ
        //forward

        TCCR1A = (1<<COM1A1) | (1<<COM1C1) |(1<<WGM10);
```

```
        TCCR1B = (1<<WGM12) | (1<<CS11);
        OCR1A = 0;
        OCR1C = 0;
}

// 모터 정방향 스피드 함수
void motor_go(u08 spd)
{
                TCCR1A |= (1<<COM1C0) | (1<<COM1A0);
                sbit(PORTB,6);                  // PORTB6 High 1출력
                sbit(PORTB,4);                  // PORTB4 Low  0출력
                OCR1C = spd;                    // OCR1C레지스터 SPD값 저장.
                OCR1A = spd;                    // OCR1A레지스터 SPD값 저장.
}

// 모터 역방향 스피드 함수
void motor_back(u08 spd)
{
                TCCR1A &= ~(1<<COM1C0) & ~(1<<COM1A0);
                cbit(PORTB,4);                  // PORTB4 Low  0출력
                cbit(PORTB,6);                  // PORTB6 Hogh 1출력
                OCR1C = spd;                    // OCR1C레지스터 SPD값 저장.
                OCR1A = spd;                    // OCR1A레지스터 SPD값 저장.
}

// 모터 정지 함수(프리정지)
void motor_stop(void)
{
                cbit(PORTB,6);
                cbit(PORTB,4);

                TCCR1A &= ~(1<<COM1C0);
                TCCR1A &= ~(1<<COM1A0);
```

```
            OCR1C = 0;
            OCR1A = 0;
}

// 오른쪽, 왼쪽 모터 스피드 동작 함수.
void motor(int lspd, int rspd )
{
        // lspd 값을 -255부터 255로 제한
        if(lspd > 255) lspd = 255;
  if(lspd < -255)         lspd = -255;

        // rspd 값을 -255부터 255로 제한
        if(rspd > 255) rspd = 255;
  if(rspd < -255)         rspd = -255;

        //왼쪽모터를 속도 값의 범위에 따라
        if(lspd > 0) {
            sbit(PORTB,6);                  // 전진 속도
            TCCR1A |= (1<<COM1C0) ;
            OCR1C = (u08)lspd;
        } else if (lspd < 0) {              // 후진 속도
            cbit(PORTB,6);
            TCCR1A &= ~(1<<COM1C0);
            OCR1C = (u08)abs(lspd);
        } else {                        // 정지 (브레이크)
            sbit(PORTB,6);
            TCCR1A &= ~(1<<COM1C0);
            OCR1C = 0xff;
        }

        //오른쪽모터를 속도 값의 범위에 따라
        if(rspd > 0) {
            sbit(PORTB,4);                  // 전진 속도
            TCCR1A |= (1<<COM1A0);
```

```
                OCR1A = (u08)rspd;
        } else if (rspd < 0)    {        // 후진 속도
                cbit(PORTB,4);
                TCCR1A &= ~(1<<COM1A0);
                OCR1A = (u08)abs(rspd);
        } else {                                // 정지 (브레이크)
                sbit(PORTB,4);
                TCCR1A &= ~(1<<COM1A0);
                OCR1A = 0xff;
        }
}

// 모터 정지함수(브레이크)
void motor_break(void)
{
  motor(0,0);
}

// 센서 관련 함수 시작
// 5조의 라인 감지 센서 값을 읽어 오는 함수
// 사용법 : read_line(500);
//         발광센서를 켠 후, 500 마이크로초 이후에 수광센서 값 읽음
void read_line(u16 stime)
{
        SEN_ON;
        _delay_us(stime);
        if (line_color == LINE_BLACK)
        {
    sc = PINF & 0b00010001;
          s3 = PINF & 0b00001110;
        } else {
    sc = (~PINF) & 0b00010001;
          s3 = (~PINF) & 0b00001110;
        }
```

```
        SEN_OFF;
}

// 로봇의 아날로그 입력을 위한 초기화 함수
void adc_init(void)
{
        ADCSRA = (1<<ADEN) | (1<<ADPS0) | (1<<ADPS1) | (1<<ADPS2);
}

// 미로벽 감지 센서의 값을 읽어들이기 위한 아날로그 입력 함수
u16 get_adc(u08 ch)
{
        ADMUX = ch;
        ADCSRA |= (1<<ADSC);

        while(!(ADCSRA&(1<<ADIF)));

        return (ADCW);
}

// 라인을 따라가는 기본 함수
void line_tracing(void)
{
        switch(s3)
        {
                case LINE_C:
                        motor_go(255);
                        break;
                case LINE_L:
                        motor(-255, 255);
                        break;
                case LINE_LC:
                        motor(0, 255);
                        break;
```

```
                case LINE_R:
                        motor(255, -255);
                        break;
                case LINE_CR:
                        motor(255,0);
                        break;
        }
}

// 분기점 감지때까지 라인을 따라가는 함수
void line_tracing_until_cross(void)
{
        for(;;)
        {
                read_line(500);
                if (sc == CROSS_NO)
                {
                        line_tracing();
                } else {
                        break;
                }
        }
}

// 분기점에서 일정시간 무조건 직진하는 함수
void cross_go(u16 ntime)
{
  motor_go(255);
  delay_ms(ntime);
}

// 분기점에서 좌회전 하는 함수
void cross_turn_left(u16 ntime)
{
```

```
        motor_break();
        delay_ms(50);

        motor(-255,255);
        delay_ms(ntime);
        for(;;)
        {
                read_line(500);
                if ((s3 & LINE_C) && (sc == CROSS_NO)) break;
        }
        motor_break();
        delay_ms(50);
}

// 분기점에서 우회전 하는 함수
void cross_turn_right(u16 ntime)
{
        motor_break();
        delay_ms(50);

        motor(255,-255);
        delay_ms(ntime);
        for(;;)
        {
                read_line(500);
                if ((s3 & LINE_C) && (sc == CROSS_NO)) break;
        }
        motor_break();
        delay_ms(50);
}

// 미로 벽 감지 센서의 값을 읽어 들임
void read_miro(u16 stime)
{
```

```
  SEN_ON;
  _delay_us(stime);
  mc = get_adc(MIRO_C);
  ml = get_adc(MIRO_L);
  mr = get_adc(MIRO_R);
  SEN_OFF;
}

// 미로벽을 따라 이동하는 함수 (왼쪽/오른쪽 벽이 있는 경우)
// 전면에 벽이 있거나, 왼쪽에 벽이 없거나, 오른쪽에 벽이 없는 경우 함수 빠져 나감
void miro_wall(u08 go_speed, u16 turn_fastspeed, u16 turn_slowspeed, u16 mc_val, u16 ml_val, u16 mr_val)
{
  wall = MIRO_NO_WALL;

        for(;;)
        {
                read_miro(500);

    //만약 전면에 벽이 있으면 함수를 빠져 나감.
    if (mc > mc_val) {
      wall = MIRO_C_WALL;
      break;
    }

    //만약 왼쪽/오른쪽 벽이 없으면 함수를 빠져 나감.
    if ((ml < ml_val) &&  (mr < mr_val)) {
      wall = MIRO_NO_WALL;
      break;
    }

    //만약 왼쪽 벽이 없으면 함수를 빠져나감.
    if (ml < ml_val) {
```

```
      wall = MIRO_R_WALL;
      break;
    }

    //만약 오른쪽이 벽이 없으면 함수를 빠져나감.
    if (mr < mr_val) {
      wall = MIRO_L_WALL;
      break;
    }

    //전면에 벽이 없고, 왼쪽/오른쪽에 벽이 있으면 벽을 따라 이동
                if (ml == mr){
                        motor_go(go_speed);
                } else if (ml > mr){
                        motor(turn_fastspeed, turn_slowspeed);
                } else {
                        motor(turn_slowspeed, turn_fastspeed);
                }
        }

  motor_break();
  delay_ms(50);
}

// 바닥면에 라인이 없으면 미로벽을 따라 이동
void miro_wall_until_line(u08 go_speed, u16 turn_fastspeed, u16 turn_slowspeed)
{
  wall = MIRO_NO_WALL;

        for(;;)
        {
          read_line(500);
          if ((s3 > 0) || (sc > 0)) break;
```

```
                read_miro(500);

    //전면에 벽이 없고, 왼쪽/오른쪽에 벽이 있으면 벽을 따라 이동
                if (ml == mr){
                        motor_go(go_speed);
                } else if (ml > mr){
                        motor(turn_fastspeed, turn_slowspeed);
                } else {
                        motor(turn_slowspeed, turn_fastspeed);
                }
        }

  motor_break();
  delay_ms(50);
}

//정해진 시간만큼만 벽을 따라 이동하는 함수
void miro_wall_time(u08 go_speed, u16 turn_fastspeed, u16 turn_slowspeed,
u16 go_time)
{
  u16 temp_time=0;
  wall = MIRO_NO_WALL;

        for(;;)
        {
                read_miro(500);

    //왼쪽과 오른쪽 벽의 중간을 따라 이동
                if (ml == mr){
                        motor_go(go_speed);
                } else if (ml > mr){
                        motor(turn_fastspeed, turn_slowspeed);
                } else {
```

```
                    motor(turn_slowspeed, turn_fastspeed);
                }

                temp_time++;
                if (temp_time > go_time) break;
                delay_us(500);
        }

  motor_break();
  delay_ms(50);
}

// 미로 구간에서 무조건 전진하는 함수
// 속도와 시간을 설정
void miro_go(u08 go_speed, u16 go_time)
{
  motor_go(go_speed);
  delay_ms(go_time);

  motor_break();
  delay_ms(50);
}

// 전면에 벽이 있을 때까지 무조건 직진하는 함수
// 전면에 벽이 감지되면 함수 빠져 나감.
void miro_go_until_c_wall(u08 go_speed, u16 mc_val)
{
        for(;;)
        {
                read_miro(500);

    //만약 전면에 벽이 있으면 함수를 빠져 나감.
    if (mc > mc_val) {
      wall = MIRO_C_WALL;
```

```
      break;
    }

    motor_go(go_speed);
        }

  motor_break();
  delay_ms(50);
}

// 오른쪽 벽이 없을때, 왼쪽벽을 따라 직진 이동하는 함수
// 전면에 벽이 있거나, 오른쪽 벽이 있으면 함수 빠져 나감.
void miro_l_wall(u08 go_speed, u16 turn_fastspeed, u16 turn_slowspeed, u16
mc_val, u16 ml_val, u16 mr_val)
{
  wall = MIRO_NO_WALL;

        for(;;)
        {
                read_miro(500);

    //만약 전면에 벽이 있으면 함수를 빠져 나감.
    if (mc > mc_val) {
      wall = MIRO_C_WALL;
      break;
    }

    //만약 오른쪽 벽이 있으면 함수를 빠져나감.
    if (mr > mr_val) {
      wall = MIRO_LR_WALL;
      break;
    }

    //전면에 벽이 없고, 오른쪽에 벽이 없으면 벽을 따라 이동
```

```
            if (ml == ml_val){
                    motor_go(go_speed);
            } else if (ml > ml_val){
                    motor(turn_fastspeed, turn_slowspeed);
            } else {
                    motor(turn_slowspeed, turn_fastspeed);
            }
        }

  motor_break();
  delay_ms(50);
}

// 왼쪽 벽이 없을때, 오른쪽벽을 따라 직진 이동하는 함수
// 전면에 벽이 있거나, 왼쪽 벽이 있으면 함수 빠져 나감.
void miro_r_wall(u08 go_speed, u16 turn_fastspeed, u16 turn_slowspeed, u16 
mc_val, u16 ml_val, u16 mr_val)
{
  wall = MIRO_NO_WALL;

        for(;;)
        {
                read_miro(500);

    //만약 전면에 벽이 있으면 함수를 빠져 나감.
    if (mc > mc_val) {
      wall = MIRO_C_WALL;
      break;
    }

    //만약 왼쪽 벽이 있으면 함수를 빠져나감.
    if (ml > ml_val) {
      wall = MIRO_LR_WALL;
      break;
```

```
    }

    //전면에 벽이 없고, 오른쪽에 벽이 없으면 벽을 따라 이동
                if (mr == mr_val){
                        motor_go(go_speed);
                } else if (mr < mr_val){
                        motor(turn_fastspeed, turn_slowspeed);
                } else {
                        motor(turn_slowspeed, turn_fastspeed);
                }
        }

  motor_break();
  delay_ms(50);
}

// 전면에 벽이 있을 때, 앞에서 90도 좌회전 함수
void miro_turn_left(u16 turn_speed, u16 turn_time1, u16 mr_val, u16
turn_time2)
{
  u16 l_speed = 0, r_speed = 0;

  // 제자리에서 정해진 시간만큼 좌회전
  l_speed = -turn_speed;
  r_speed = turn_speed;

  motor(l_speed, r_speed);
  delay_ms(turn_time1);

  //오른쪽 벽 감지 센서의 값이 설정값과 같을때까지 회전
  for(;;)
  {
    read_miro(500);
```

```
    if(mr >= mr_val) break;
  }

  //다시, 일정시간 더 회전하기
  motor(l_speed, r_speed);
  delay_ms(turn_time2);

  //정지
  motor_break();
  delay_ms(50);
}

// 전면에 벽이 있을 때, 앞에서 90도 우회전 함수
void miro_turn_right(u16 turn_speed, u16 turn_time1, u16 ml_val, u16
turn_time2)
{
  u16 l_speed = 0, r_speed = 0;

  // 제자리에서 정해진 시간만큼 우회전
  l_speed = turn_speed;
  r_speed = -turn_speed;

  motor(l_speed, r_speed);
  delay_ms(turn_time1);

  //왼쪽 벽 감지 센서의 값이 설정값과 같을때까지 회전
  for(;;)
  {
    read_miro(500);

    if(ml >= ml_val) break;
  }

  //다시, 일정시간 더 회전하기
```

```
  motor(l_speed, r_speed);
  delay_ms(turn_time2);

  //정지
  motor_break();
  delay_ms(50);
}

// 전면에 벽이 없을 때, 좌측을 중심으로 90도 직진 좌회전 함수
void miro_go_turn_left(u16 l_speed, u16 r_speed, u16 ml_val, u16 mr_val)
{
  for(;;)
  {
    read_miro(500);

    if ((ml > ml_val) || (mr > mr_val)) break;

    // 전진 우회전
    motor(l_speed, r_speed);
  }

  //정지
  motor_break();
  delay_ms(50);
}

// 전면에 벽이 없을 때, 우측을 중심으로 90도 직진 우회전 함수
void miro_go_turn_right(u16 l_speed, u16 r_speed, u16 ml_val, u16 mr_val)
{
  for(;;)
  {
    read_miro(500);

    if ((ml > ml_val) || (mr > mr_val)) break;
```

```
    // 전진 우회전
    motor(l_speed, r_speed);
  }

  //정지
  motor_break();
  delay_ms(50);
}

// Wildcat 로봇 초기화 함수
void wildcat_start(void)
{
  /* LED 포트 초기화 */
        DDRA = 0xff;              // LED 포트를 출력으로 설정
        LED_PORT = 0xff;                   // 포트에 Low 신호 출력    L E D
OFF

  /* 스위치/모터 포트 초기화 */
        DDRB = 0xf0;                         // 포트를 입력으로 설정
        MOTOR_PORT = 0x00;

  /* FND 포트 초기화 */
  DDRC = 0xff;              // FND 포트를 출력으로 설정
        FND_PORT = 0xff;                   // 포트에 Low 신호 출력    F N D
OFF

  /* LCD 포트 초기화 */
        DDRD = 0xff;
        DDRE = 0xf0;

  /* 부저 포트 초기화 */
        sbit(DDRE,3);             // 부저 포트 출력 설정
        sbit(PORTE,3);            // BUZZER OFF; (부저 끔)
```

```
  /* 센서 출력(발광) 포트 초기화 */
        sbit(DDRE,7);                // 센서 출력(발광) 포트 출력 설정

        DDRF = 0x00;
  SEN_OFF;

  /* EYE LED 포트 초기화 */
  DDRG = DDRG | 0b00011000;
  PORTG = 0xff;

  /* LCD 모듈 초기화 */
        lcd_init();
        lcd_cursor(LCD_DISPLAY_ON,LCD_CURSOR_OFF,LCD_BLINK_OFF);
              //lcd 표시 ON, 커서 ON, 깜박임 ON
        fdevopen((void *)lcd_putchar, 0);

        /* 모터 PWM 초기화 */
        pwm_init();
        motor_stop();

        adc_init();
}
```

첨부 B. 메인보드 회로도

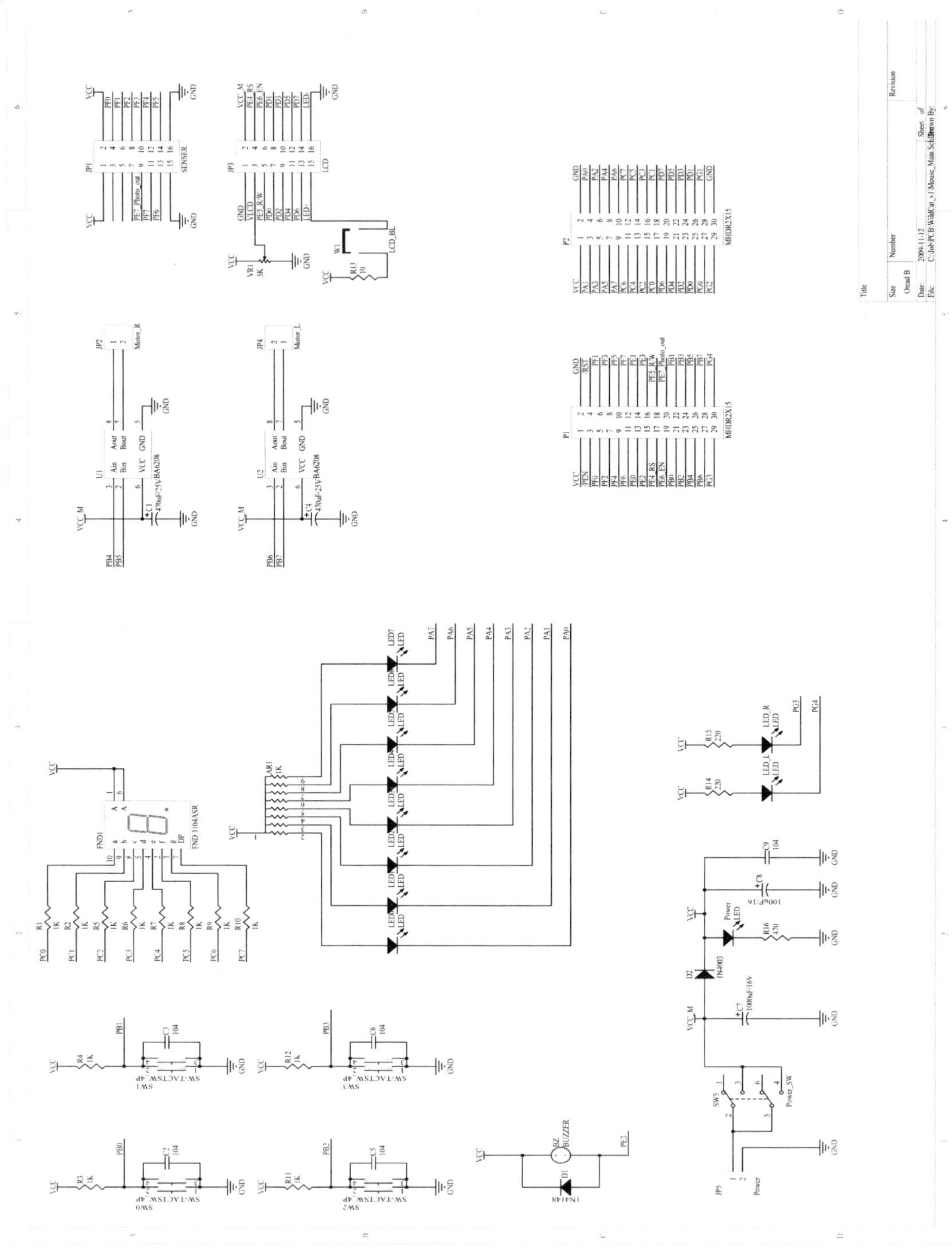

첨부 C. 센서보드 회로도

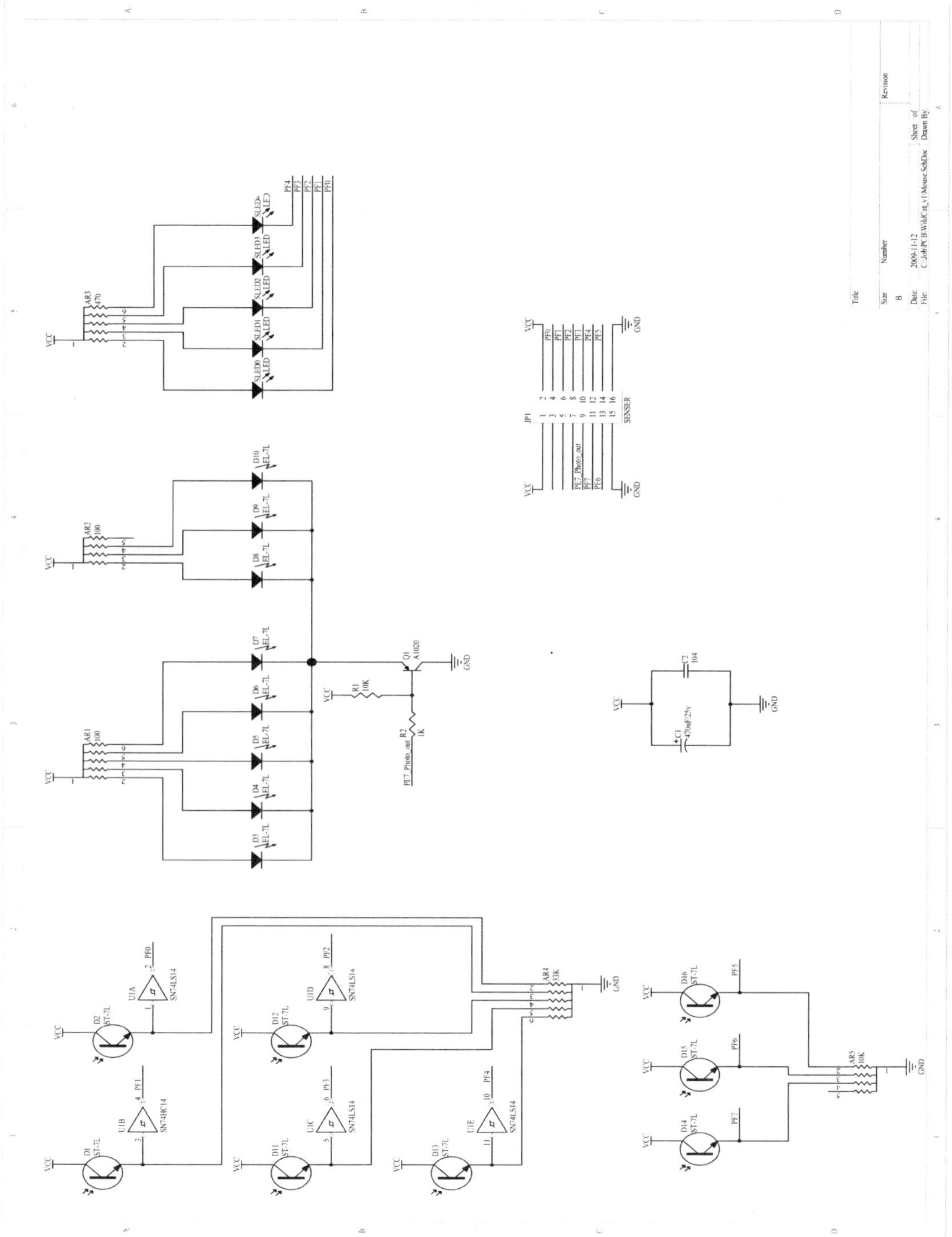

첨부 D. 128모듈 회로도

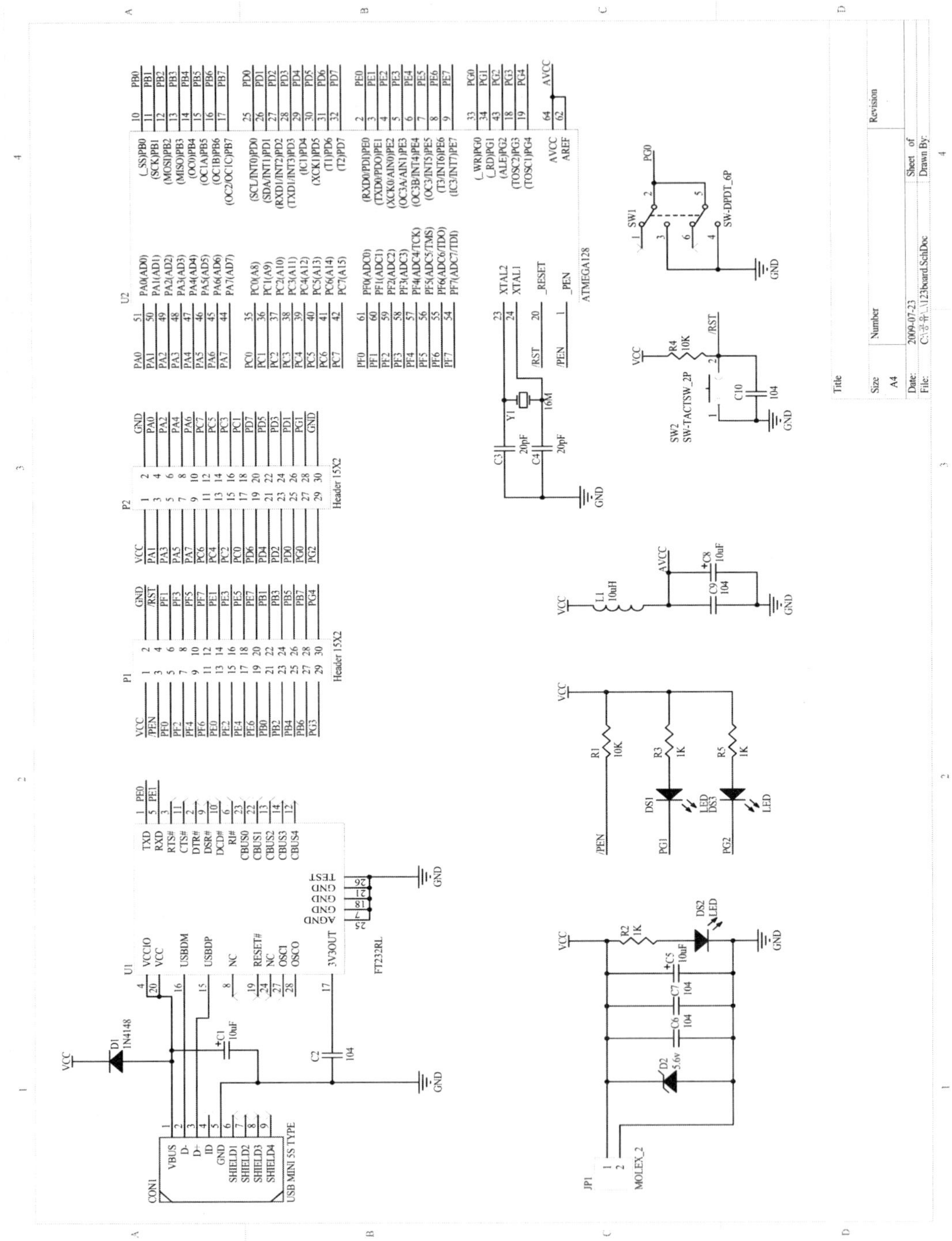

■ I/O 레지스터 맵

I/O 주소 (SRAM 주소)	레지스터 이름	기능
0x00(0x20)	UBRR1L	USART1 보레이트 레지스터 (하위바이트)
0x01(0x21)	UCSR1B	USART1 제어 및 상태 레지스터
0x02(0x22)	UCSR1A	USART1 제어 및 상태 레지스터
0x03(0x23)	UDR1	USART1 I/O 데이터 레지스터
0x04(0x24)[1)]	OSCCAL	오실레이터 조정 레지스터
	OCDR	내장 디버거 레지스터
0x05(0x25)	PINE	포트 E 입력 핀 레지스터
0x06(0x26)	DDRE	포트 E 데이터 방향 레지스터
0x07(0x27)	PORTE	포트 E 데이터 레지스터
0x08(0x28)	ACSR	아날로그 비교기 제어 및 상태 레지스터
0x09(0x29)	UBRR0L	USART1 보레이트 레지스터 (하위바이트)
0x0A(0x2A)	UCSR0B	USART1 제어 및 상태 레지스터
0x0B(0x2B)	UCSR0A	USART1 제어 및 상태 레지스터
0x0C(0x2C)	UDR0	USART1 I/O 데이터 레지스터
0x0D(0x2D)	SPCR	SPI 제어 레지스터
0x0E(0x2E)	SPSR	SPI 상태 레지스터
0x0F(0x2F)	SPDR	SPI 데이터 레지스터
0x10(0x30)	PIND	포트 D 입력 핀 레지스터
0x11(0x31)	DDRD	포트 D 데이터 방향 레지스터
0x12(0x32)	PORTD	포트 D 데이터 레지스터
0x13(0x33)	PINC	포트 C 입력 핀 레지스터
0x14(0x34)	DDRC	포트 C 데이터 방향 레지스터
0x15(0x35)	PORTC	포트 C 데이터 레지스터
0x16(0x36)	PINB	포트 B 입력 핀 레지스터
0x17(0x37)	DDRB	포트 B 데이터 방향 레지스터
0x18(0x38)	PORTB	포트 B 데이터 레지스터
0x19(0x39)	PINA	포트 A 입력 핀 레지스터
0x1A(0x3A)	DDRA	포트 A 데이터 방향 레지스터
0x1B(0x3B)	PORTA	포트 A 데이터 레지스터
0x20(0x40)	UBRR0H	USART0 보레이트 레지스터(상위바이트)
	UCSR0C	USART0 제어 및 상태 레지스터 C
0x21(0x41)	WDTCR	워치독 타이머 제어 레지스터
0x22(0x42)	OCR2	타이머/카운터2 출력 비교 레지스터
0x23(0x43)	TCNT2	타이머/카운터2 (8비트) 레지스터
0x24(0x44)	ICR1L	타이머/카운터1 입력 캡쳐 레지스터(하위바이트)
0x25(0x45)	ICR1H	타이머/카운터1 입력 캡쳐 레지스터(상위바이트)
0x26(0x46)	ASSR	비동기 모드 상태 레지스터
0x27(0x47)	TCCR2	타이머/카운터2 제어 레지스터
0x28(0x48)	OCR1BL	타이머/카운터1 출력 비교 레지스터B(하위바이트)
0x29(0x49)	OCR1BH	타이머/카운터1 출력 비교 레지스터B(상위바이트)
0x2A(0x4A)	OCR1AL	타이머/카운터1 출력 비교 레지스터A(하위바이트)

■ I/O 레지스터 맵 (계속)

I/O 주소 (SRAM 주소)	레지스터 이름	기능
0x2B(0x4B)	OCR1AH	타이머/카운터1 출력 비교 레지스터A(상위바이트)
0x2C(0x4C)	TCNT1L	타이머/카운터1 카운터 레지스터(하위바이트)
0x2D(0x4D)	TCNT1H	타이머/카운터1 카운터 레지스터(상위바이트)
0x2E(0x4E)	TCCR1B	타이머/카운터1 제어 레지스터 B
0x2F(0x4F)	TCCR1A	타이머/카운터1 제어 레지스터 A
0x30(0x50)	SFIOR	특수 기능 IO 레지스터
0x31(0x51)	OCR0	타이머/카운터0 출력 비교 레지스터
0x32(0x52)	TCNT0	타이머/카운터0 (8비트) 레지스터
0x33(0x53)	TCCR0	타이머/카운터0 제어 레지스터
0x34(0x54)	MCUCSR	MCU 제어 및 상태 레지스터
0x35(0x55)	MCUCR	MCU 제어 레지스터
0x36(0x56)	EMCUCR	확장 MCU 제어 레지스터
0x37(0x57)	SPMCR	저장 프로그램 메모리 제어 레지스터
0x38(0x58)	TIFR	타이머/카운터 인터럽트 플래그 레지스터
0x39(0x59)	TIMSK	타이머/카운터 인터럽트 마스크 레지스터
0x3A(0x5A)	GIFR	일반 인터럽트 플래그 레지스터
0x3B(0x5B)	GICR	일반 인터럽트 제어 레지스터
0x3C(0x5C)	UBRR1H	USART1 보레이트 레지스터(상위바이트)
	UCSR1C	USART1 제어 및 상태 레지스터 C
0x3D(0x5D)	SPL	스택 포인터(하위바이트)
0x3E(0x5E)	SPH	스택 포인터(상위바이트)
0x3F(0x5F)	SREG	상태 레지스터

■ 확장 I/O 레지스터 맵

주소	레지스터 이름	기능
(0x60)	Reserved	
(0x61)	CLKPR	클럭 프리스케일 레지스터
(0x62)	Reserved	
:	Reserved	
(0x6A)	Reserved	
(0x6B)	PCMSK0	핀 변경 마스크 레지스터 0
(0x6C)	PCMSK1	핀 변경 마스크 레지스터 0
(0x6D)	Reserved	
:	Reserved	
(0x7B)	Reserved	
(0x7C)	ETIFR	확장 타이머/카운터 인터럽트 플래그 레지스터
(0x7D)	ETIMSK	확장 타이머/카운터 인터럽트 마스크 레지스터
(0x7E)	Reserved	
(0x7F)	Reserved	
(0x80)	ICR3L	타이머/카운터3 입력 캡처 레지스터(하위바이트)
(0x81)	ICR3H	타이머/카운터3 입력 캡처 레지스터(상위바이트)
(0x82)	Reserved	
(0x83)	Reserved	
(0x84)	OCR3BL	타이머/카운터3 출력 비교 레지스터 B(하위바이트)
(0x85)	OCR3BH	타이머/카운터3 출력 비교 레지스터 B(상위바이트)
(0x86)	OCR3AL	타이머/카운터3 출력 비교 레지스터 A(하위바이트)
(0x87)	OCR3AH	타이머/카운터3 출력 비교 레지스터 A(상위바이트)
(0x88)	TCNT3L	타이머/카운터3 카운트 레지스터 B(하위바이트)
(0x89)	TCNT3H	타이머/카운터3 카운트 레지스터 B(상위바이트)
(0x8A)	TCCR3B	타이머/카운터3 제어 레지스터 B
(0x8B)	TCCR3A	타이머/카운터3 제어 레지스터 A
(0x8C)	Reserved	
:	Reserved	
(0xFF)	Reserved	

AVR 마이크로컨트롤러
ATmega128 프로그래밍

2011년 11월 25일 인쇄
2011년 11월 29일 발행
저 자 권 오 상 저
펴낸이 오 성 걸
펴낸곳 오성미디어
주 소 132-916 서울시 도봉구 창 3동 491-1
전 화 02) 997-0136
FAX 02) 997-0137
등 록 2000. 5. 12 제 7-212 호
ISBN 978-89-6628-021-6 값 16,000원